룰 메이커

다 주 고 더 받 는

룰 메이커

임춘성 지음

RULE
MAKER

/\/ 목차 /\/

Part 2 다 보여주는, 투명의 룰

Part 3 다 찾아주는, 연결의 룰

고객에게 다 주고 세상에서 더 받는

잠깐 차 한잔할까요? 지금 하고 있는 일과 업무, 하고 싶은 사업과 비즈니스, 얘기 좀 해보세요. 그래도 이 분야에서 나름 꽤 오래 활동한 전문가 아닙니까. 뻔하고 빤한 얘기나 하는 엉터리, 엉망이란 소리는 한 번도 듣지 않았으니 얘기해보세요. 차 식기 전에요.

아, 그렇군요. 그런 생각과 고민을 하는군요. 그런데요. 죄송한 말씀이지만, 그게 아닙니다. 지금 생각하고 있는 방식, 그건 아닙니다. 어쩌면 너무 당연하게 알고 있던 비즈니스 방식, 사업 방법이 이젠 당연하지 않습니다. 사업의 철칙이 비용은 최대한 줄이고 수입은 최대한 늘리는 것이라 생각하고 있나요? 그렇지 않습니다. 결코 철칙이 아닙니다. 조금 주고 많이 받는 것이 남는 장사의 원칙이라고요? 그렇지 않습니다. 요즘의 세상은, 요즘의 비즈니스는 그렇지가 않습니다. 사업을 하려 하나요? 신사업을 도모하나요? 지금 하는 장사, 벌려 놓은 사업을 더 잘하고 싶나요? 그렇다면 뚱딴지같은 얘기라 외면하지 말고 좀 들어보세요.

지금껏 너무 당연해서 무조건 받아들였던 원칙과 철칙에는 3가지의 오류가 있습니다. 네, 3가지나 됩니다. **첫째, 상대는 바보가 아닙니다.** 옛날에야 왕이신 고객을 위해 이렇게 저렇게 준비했다고 하면 상대는 그저 믿었죠. 아니, 믿는 것밖에는 달리 방도가 없었죠. 그런데 이젠 압니다. 비용이 얼마나 들었는지, 얼마나 남기는지 압니다. 공개된 정보와 비교된 가치로 알고 있습니다. 생각해보세요. 비용은 최소로 줄이고 수입은 최대한 늘린다는 말은, 고객 관점에선 돈을 아끼고 아껴서 만든 것을 최대한 높은 가격으로 사라는 거잖아요. 바보가 아닌 상대를 바보 만들라는 원칙, 철칙인 셈이죠.

둘째, 상대의 시야에는 나만 있지 않습니다. 우리 기업의 제품과 서비스만 있는 것이 아닙니다. 상대에게 옵션이 있다는 겁니다. 냉정하게 말하자면, 나는 상대의 옵션일 뿐입니다. 혹시 아니라고 할 건가요? 나의 존재는 독보적이고, 우리 기업의 제품과 서비스는 최고라고 할 건가요? 하하, 그런 건 없습니다. 그만그만한 존재, 비슷비슷한 품질의 제품과 성능의 서비스는 차고 넘칩니다. 그만그만하고 비슷비슷한 세상의 모든 것이 연결되어 고객의 눈앞에 펼쳐지고 있으니까요.

별로 제 얘기에 수긍하고 싶지 않은 당신에게, 영화가 전하는 지혜를 선사합니다. 알 파치노 주연의 '스카페이스' 전편에 강조되는 2개의 룰이 있습니다. '룰1: 상대의 욕심을 과소평가하지 마라', '룰2: 자신의 능력을 과대평가하지 마라.' 기가 막히지 않습니까? 상대를, 고객의 욕심을 과소평가하지 마세요. 자신을, 우리 기업의 능력을 과대평가하지 마세요.

그런데 말이죠. 이게 다가 아니거든요. **셋째, 주는 사람과 받는 사람이 늘 일치하지는 않습니다.** 이 세 번째가 제일 중요합니다. 심각하게 뼈를 때립니다. 뭔가를 주고 뭔가를 받는다는 건 비즈니스를 포함한 모든 관계의 기본입니다. 내가 주고 상대가 받고, 또 상대가 주고 내가 받는 것이죠. 그런데 이 '기브 앤 테이크' 행위의 전제는 '나와 상대'입니다. 내가 상대에게 주었다면, 내가 받아야 할 사람도 바로 그 상대라는 겁니다. 우리는 너무나도 당연히 '기브 앤 테이크'를 자연스레 나와 상대 둘이 주고받는 걸로 연상합니다.

그런데 꼭 그렇습니까? 상대와의 비즈니스 관계에 꼭 둘만 있습니까? 내가 준 것을 꼭 상대가 되갚아주던가요? 누군가 대신 갚아주는 일은 없었던가요? 누군가에게 뭔가를 베풀었는데, 그 누구보다는 남들이 대신 인정해주고 보상해주는 일은 없었던가요? 고객한테는 다 퍼주었는데, 세상이, 주주가, 투자자가, 새로운 고객이 그 대가를 보상해주는 그러한 비즈니스를 수없이 목격하고 있지 않나요?

그렇습니다. 모든 관계에는 주고받을 쌍방만 있는 것이 아닙니다. 쌍방만 주고받는 것이 아닙니다. 실상이 그러한데, 그저 준 사람한테 그냥 받아야 하는 관념으로 고정되어 있습니다. 이것이 치명적인 세 번째 오류입니다. 자꾸 준 상대에게만 받으려는 것입니다. 그러니 상대를 쥐어짜는 것입니다. 내가 상대에게 준 것 이상으로 돌려 받아야 장사가 되고, 그렇게 하는 것이 사업이라는 신념이 팽배해지는 겁니다. 소중한 상대를 계산적으로 쳐다보면서 마진이나 따지는 것이고요.

차가 식었군요. 식은 차를 벌컥 들이키려 하지 마세요. 들이켜야 할 얘기가 아직 남았거든요. 조금 더 들어보면 수긍할 겁니다. 근자에 대세가 된 플랫폼 비즈니스, 이미 대세인 모바일 비즈니스, 이전부터 대세였던 인터넷 비즈니스를 떠올려 보세요. 어디 나와 상대뿐이던가요? 고객이 눈앞에 보이는 딱 그들뿐이던가요? 정말 다양한 이들이 모여 있습니다. 누구는 만들고, 누구는 덧붙이고, 누구는 알려주고, 누구는 전달하고, 누구는 나눠주고, 누구는 쓰고, 누구는 되팔고, 누구는 폐기하는 등 다수의 이해관계자가 얽히고설킵니다. 단순히 나는 주고 상대는 받고, 기업은 만들고 고객은 지불하는 이런 간단한 모양새가 아닙니다. 그 흔한 '생태계'라는 표현은 결코 단순 간단하지 않다는 걸 강조하는 의미입니다.

그들 간의 얽히고설킨 이해관계의 실타래를 들여다보지 못하는 사람은 결코 사업에서 성공하지 못합니다. 관계에서 승리하지 못합니다. 맞습니다. 무심코 무조건 받아들였던 원칙과 철칙에서 벗어나야 합니다. 3가지 오류, 특히 치명적인 세 번째 오류의 늪에서 빠져나와야 합니다.

늪에서 나오셨나요? 이미 늪 밖이라고요? 좋습니다. 그럼 정글의 생태계를 누벼야지요. 알다시피 생태계는 자연에서 나온 말입니다. 많은 생명체와 구성 요소들이 지속가능한 생태계를 이루고 살아갑니다. 진정한 자연스러움이죠. 그 자연, 자연스러움, 자연의 생태계를 이루게 하는 힘은 바로 자연의 '법칙'입니다. 자연의 생명체들, 생태계 구성 요소들의 관계가 자연스러움을 유지하게 하는 법칙, 바로 '룰'이지요. 수도 없이 많은 구성원이 자연스럽게 지켜가고 있는 룰입니다.

많은 이들이 어울리기 위해서는 룰이 필요합니다. 이해관계가 첨예할수록 더욱 룰이 필요합니다. 이해타산이 다양하고 이해관계자가 다수일수록 더더욱 필요합니다. 단순 간단한 비즈니스가 아닐수록 룰은 절실합니다. 그 룰이 무엇인지를 이해하고, 그 룰의 핵심이 무엇인지를 파악하는 것이 절실합니다. 그리고 더더욱 절실한 것은, 그 룰이 무엇을 위한 것인지 아는 것입니다. 그 무엇을 위해 과연 그 룰을 만든 이가 누구인지 아는 것이 필요하다는 얘기입니다.

자연의 룰이야 조물주가 만들죠. 그렇다면 당신의 비즈니스 룰은 누가 만드나요? 당신인가요? 아주 좋습니다. 상대인가요? 아주 좋지 않습니다. 나와 상대가 지켜야 할 룰, 우리 모두가 지켜야 할 룰, 그 룰을 만든 이가 누구인지에 따라, 이해관계의 추가 어느 쪽으로 기우는지 결정됩니다. 그 룰은, 룰을 만든 이, '룰 메이커rule maker'가 원하는 무엇을 위해서 만들어졌으니까요.

네, 그러시군요. 뭔가 참신한 비즈니스를 찾고 있군요. 기존의 시장상황과 경쟁구도를 변화시키고 싶다고요. '게임 체인저game changer'가 되고 싶다고요. 알겠습니다. 그렇다면 기존에 자리 잡은 룰부터 알아야 합니다. 기존의 룰과는 다른 새로운 룰을 만들 줄 알아야 합니다. 기존의 룰을, 새로운 룰을 자신에게, 우리 기업에게 유리하게 끌어올 수 있어야 합니다.

게임 체인저는 게임에서 판도를 뒤바꾸는 역할을 하는 사람이나 제품, 서비스 등을 지칭하죠. 그렇지만 실상 게임을 체인지하는 것은 사람과 상품이 아닙니다. 그들이 아니고요. 그들이 표방하는 룰, 비즈니스 룰이지요. 이렇게 생각하면 쉽습니다. 비즈니스의 게임, 인생의 게임을 하다 보면 한번씩 갑자기 룰을 바꾸는 사람이 있습니다. 그래서 한번씩 손해 보셨나요? 게임의 판도를 바꾼 것은 그가 아니라 그가 제시해서 우리가 따른 룰입니다. 자, 게임의 양상에 변화를 주고 싶으신가요? 그렇다면 룰은 만들어야 합니다. 멋들어진 게임 체인저가

되고 싶다면, 그 실상인 룰 메이커가 되어야 합니다. 사업의 성공, 관계의 승리를 위해 룰 메이커가 되어야 합니다.

이제 시원한 것도 한 잔 드릴게요. 적어도 말만 많은 교수는 아니거든요. 이 책에는 33개의 성장기업이 등장합니다. 모두 스타트업, 벤처기업이라 해도 되겠군요. 저 멀리 외국 기업이 아닙니다. 흔한 자료 넘치는 글로벌 기업들이 아닙니다. 역사와 전통을 자랑하는 사례들도 아닙니다. 그만큼 최근의 환경과 최신의 정보에 입각한 기업들입니다. 그들이 어떻게 게임 체인저가 되었는지, 아니 룰 메이커가 되었는지 접할 수 있습니다. 가깝게 접할 수 있는 우리 기업들 얘기이니 친근하게 읽어가길 바랍니다.

그러나 그것이 다가 아닙니다. 사실은 더 있습니다. 그 '더'가 더 중요합니다. 33개 기업사례의 전후에 룰이 등장합니다. 이전에는 간과되었거나 무시되었지만 새로운 세상에서 부각되어 만개한 룰들입니다. 33개 기업이 '메이커'라면, 각 장 앞뒤에 소개하고 강조하는 얘기들이 '룰'입니다. 솔직히 말할까요? 33개 기업의 성공 혹은 성장 요인이 33개의 룰이라 전개하고 있지만, 앞으로도 그 기업들이 모두 그 룰을 따를지는 모르겠습니다. 그 기업들이 모두 지금까지의 성장을 이어갈지도 잘 모르겠습니다. 그러니 '33개의 룰 메이커'도 좋지만, '33개의 룰'에 방점을 찍으세요.

애써 이렇게 강조하는 이유는 아무리 친근하게 접할 수 있는 기업과 사례라 하더라도, 어차피 그들은 당신이 아니고 당신의 기업도 아니기 때문입니다. 그러니 여러분의 관심과 여러분의 기업을 위해서는 오히려 먼저 '33개의 룰'을 음미하고, 다음 '33개의 룰 메이커'로 확인하여, 그다음에 여러분 고유의 입장에 적용해보길 바랍니다. 그것이 맞는 방법이겠지요.

사업을 하는 분이군요. 새로운 비즈니스 환경에서 더 많은 성공을 원하는군요. 33개의 룰이 기존의 비즈니스 원칙과 어떻게 다른지 생각해보길 바랍니다. 지금 하고 있는 수행방식과 어떤 차이가 있는지 고민해보길 바랍니다. 룰 메이커가 되길 바랍니다.

창업을 하는 분이군요. 새로운 비즈니스 모델로 더 많은 성장을 원하는군요. 33개의 성장기업이 어떻게 33개의 룰을 각각 사용했는지 생각해보길 바랍니다. 지금 하고 있는 추진방식과 어떤 차이가 있는지 고민해보길 바랍니다. 룰 메이커가 되길 바랍니다.

사업이든, 신사업이든, 창업이든 명심하세요. 룰 메이커로서 만드는 그 룰은 달라야 합니다. 고정관념으로 고착된 흔한 비즈니스 룰이 아닙니다. 첫째, 둘째, 셋째까지 운운하며 얘기했습니다. 덜 주고 더 받으려는 하수의 룰을 채택하지 마세요. 다 주세요. 줄 수 있는 한 다 주세요. 그래야 당신이 진심이라는 것을 상대가 압니다. 그래야 당신의 기업이 진짜라는 것을 고객이 압니다. 그 수많은 경쟁자와 선택지 중에서 당신과 당신의 기업, 당신 기업의 제품과 서비스가 빛날 것입니다. 반짝반짝 영롱하게요.

네? 아직 못 믿겠다고요. 아무리 그래도 그렇지, 다 주면 뭐가 남느냐고요? 여태껏 아니라고 차 마시며 얘기 나누었잖아요. 분명 더 받게 될 겁니다. 꼭 고객이 아니라도, 다른 누구에겐가, 세상에서 더 받게 됩니다. 좋습니다. 일단 이것만 기억하세요. '다·주·더·받', '고객에게 다 주고 세상에서 더 받는' 그런 룰을 만드세요. 그런 룰 메이커가 되세요.

궁금한 눈빛이네요. 지금은 그걸로 충분합니다. 얼마 안 남았거든요. 다음 장을 넘기면 즉각 '33개의 룰'과 '33개의 룰 메이커'가 준비되어 있습니다. 적지 않은 개수이니 마음 편히 먹고, 아무 장이나 펼치거나, 끌리는 것을 골라 순서 상관없이 읽으면 됩니다. 3년 동안 준비한 내용입니다. 부탁입니다. 아무쪼록 '다주더받', 다 줄 테니 더 받길 바랍니다.

Part 1

다 대신해주는,
대행의 룰

· 1 ·
오마카세 비즈니스

여러분은 저녁 모임에서 메뉴를 선택할 때 주도적인가요? 아니면 남이 정해주는 걸 따르는 편인가요? 때론 요리사나 식당 종업원에게 추천받기도 할 겁니다. 왜 그럴까요? 내가 먹는 걸 남이 결정하게 하는 이유는 뭘까요? 사람들에게 물어보니 가장 많은 대답은 '남이 그 식당의 요리를 더 잘 알기 때문'이었습니다. 그 외의 답도 적지 않게 들렸는데, '귀찮아서', '안 먹어본 요리를 먹어볼 수 있어서'라 하더군요. 아, 이렇게 3가지 주요 이유 말고도 하나가 더 기억납니다. '노안이 와서'. 어두침침한 불빛에서 메뉴 보기가 쉽지 않았던 모양입니다. 여러분은 어떤 이유인가요? 대체 어떤 이유에서, 누군가 여러분의 선택을 대신해주기를 바라나요? 그 이유를 곱씹어 보면 새로운 비즈니스 룰이 보입니다. 이에 대해 얘기해볼게요.

혹시 〈리더스 다이제스트Reader's Digest〉 아세요? 〈리더스 다이제스트〉는 미국의 월간지인데, 이름 그대로 독자들을 위한 요약입니다. 2009년에 발행이 중단되었지만, 한때는 2,300만 발행부수를 자랑하며 전 세계 40개국 1억 명의 독자를 확보했던 역사상 최고의 인기 잡지입니다. 그런데 이 잡지에 실린 글은 이미 다른 곳에 실린 글입니다. 주머니에 쏙 들어가는 사이즈에 정치와 사회, 교육과 문화, 여가와 스포츠, 역사와 인물 등 폭넓은 주제에 대해 재미있고 감동적인 글을 알아서 골라 요약해주니, 어디서나 얘깃거리가 필요한 현대인에게 안성맞춤이었던 거죠. 창시자 드윗 윌리스는 '모든 것은 요약이 가능하다'라는 신념을 가졌고, 심지어 그의 묘비명조차 '마지막 요약'이라고 하니 더 말할 필요가 없겠죠. 진정한 큐레이션 서비스의 원조입니다. 이제 빅데이터, 멀티 콘텐츠의 시대가 되었습니다. 엄청나게 많은 정보, 엄청나게 많은 선택지가 우리 앞에 펼쳐지면서 큐레이션의 중요성이 더욱 부각되고 있습니다. 우리보다 더 잘 아는 큐레이터가 정보도 골라주고, 요리도 선택해주길 원하는 건 당연한 흐름입니다.

그런데 사람들은 더 바라기 시작했습니다. 단순히 나보다 전문성이 있다는 이유만으로 남에게 의지하는 것이 아니라는 거죠. 식당의 추억, 기억하죠? 귀찮기도 하고, 뭔가 새로운 서프라이즈를 기대하기도 한다는 거 말이에요. 기프트팩Giftpack 은 뉴욕에서 출발한 스타트업입니다. 창립자는 여자친구의 선물을 고르기가, 귀찮은 정도가 아니라 아예 너무 힘들어서, 친구들과 의기투합하기에 이릅니다. AI와 빅데이터 기술을 이용하여 상대가 좋아할 만한 선물을 골라 배송까지 해주는 서비스를 론칭한 겁니다. 이제는 구글, 넷플릭스, 메타(옛 페이스북) 등 굴지의 기업들까지 직원 선물용으로 애용한다고 하네요. 선물 받은 직원은 팀원들 앞에서 두근두근 깜짝 선물을 개봉하며 함께 즐거운 시간을 보낸다고 하고요. 어떻습니까. 이 정도면 큐레이션이라고 하기에는 이미 범위를 한참 넘은 거 아닌가요?

RULE MAKER #1 　스낵포

우리나라에도 이렇듯 큐레이션의 단계를 넘어선 스타트업이 있습니다. 스낵포Snackfor의 이웅희 대표는 대학 졸업 후 회사의 막내로 직원들의 간식을 준비하던 때를 회상합니다. "예산은 정해져 있고, 입맛은 다 다르고, 이 (귀찮은) 일을 누가 대신해주면 얼마나 좋을까. 그런데 다른 회사 담당직원도 나랑 똑같지 않을까?" 이 질문이 창업으로 이어집니다.

스낵포는 회사의 간식을 대행하여 정기적으로 제공해주는 서비스입니다. 비록 홈페이지에는 '간식 큐레이션 서비스'라 적혀 있지만, 전통적인 큐레이션의 의미와 범주를 훨씬 상회합니다. 일단 데이터 분석을 통해 회사와 직원의 취향에 맞게 간식을 제공한다니 전문성이 있다고 보아야 하겠지요. 그러나 중요한 건 간식은 말 그대로 간식이라는 겁니다. 있으면 좋고 없어도 버틸 만합니다. 누군가는 해야 할 일이지만, 누구도 하지 않고자 하는 일입니다. 그만큼 귀찮은 일이지요. 그 귀찮은 일을 찾아 대신해준 것이 대단한 것입니다. 스낵포를 이용하는 기업들의 97%는 이후에도 계속 이용한다고 하네요. 중독률 62%의 도박, 중독률 90%의 흡연보다 중독률 높은 서비스라 자랑하지만, 그 중독의 원인은 역으로 아무도 그 일을 하고 싶지 않아서겠지요. '스낵포는 정말 인생이 편해지는 길'이라는 한 고객의 후기만 봐도 그렇잖아요.

아, 50대 직원의 최애템은 새우깡, 20대 직원은 에너지바라고 합니다. 그렇지만 이렇지 않을까요? 종합선물세트 같은 간식 진열대를 봅니다. 50대 직원도 새로 들어온 에너지바를 먹어봅니다. 20대도 쌀 새우깡, 깐풍 새우깡, 매운 새우깡 먹어보지 않을까요? 몰랐던 새로운 맛에 도전해보지 않을까요? 스낵포가 확보한 1만 700개 이상의 상품 라인업으로 깜짝 간식의 기쁨을 만끽하지 않을까요?

오마카세는 일본어로 '맡기다'라는 뜻입니다. 스시 가게에서 요리사가 재량껏 알아서 요리를 내어주는 서비스인데, 이제는 다양한 외식문화에서 통용되는 개념으로도 자리 잡았습니다. 전문가인 요리사에게 맡긴 것이고, 노안의 눈으로 더듬더듬 메뉴판 보며 고민할 귀찮은 일도 맡긴 것이며, 새로운 것을 먹어보는 경험의 기회도 맡긴 것입니다. 박물관 태생의 큐레이션에서 진화한 오마카세식 큐레이션이지요. 어떠세요? 꼭 전문적인 일이 아니더라도 귀찮은 일, 때론 서프라이즈하고픈 일 없나요? 점점 많아지지 않을까요? 누군가에 맡겨서 인생이 편해지는 길 말입니다. 아니면 정반대로 그런 비즈니스 어떠세요? 오마카세 비즈니스 말입니다.

구속 경제

자승자박 알죠? 자기의 줄로 자기를 묶는다는 말입니다. 그러나 그 용도를 보면 전혀 상반된 두 방향으로 쓰이고 있는 것을 알 수 있습니다. 하나는 자신의 언행으로 인해 자신이 원치 않은 난감한 상황이 된 경우로, 아주 흔합니다. 반대로 원하는 경우도 있습니다. 스스로 원해서 자기를 묶는 것이죠. 주로 종교적인 이유입니다. 불교에서는 스스로 번뇌를 일으켜 괴로워하는 행위를 지칭하기도 하고요. 생각나는 영화가 있습니다. 영화 '미션'에서 로버트 드니로는 스스로 몸을 묶고 고난의 행군을 합니다. 그간의 죄를 씻고자 택한 자승자박이죠. 아, 또 있습니다. 베니스국제영화제 황금사자상에 빛나는 고㤀 김기덕

감독의 '피에타'입니다. 죄 많은 주인공은 자기 몸을 스스로 차의 뒷바퀴 사이에 묶습니다. 원거리 카메라에 잡힌 마지막 장면, 차가 움직이는 길 뒤편으로 이어지는 선명한 핏자국에 충격을 받았죠.

다소 무거운 얘기였나요? 자승자박은 원하지 않은 곤란한 상황만이 아닙니다. 비단 종교적 신념이나 구원 같은 묵직한 이유가 아니더라도, 우리는 종종 스스로를 묶습니다. 그럼 고객이 고객 스스로 묶기도 하겠죠. 원하고 바라는 자승자박입니다. 이에 대한 비즈니스를 얘기해보겠습니다.

멤버십 비즈니스라는 게 있습니다. 굳이 설명하지 않아도 되겠죠? 여러분은 멤버십을 몇 개나 가지고 계십니까? 꼭 회원권만 떠올리지 말고 구독경제를 생각해보세요. 여러분이 매달 내는 월정액만 따져보아도 10개는 쉽게 넘을 것입니다. 다 멤버십입니다. 또 회비를 내지 않아도, 가입하고 있는 인터넷 사이트도 다 멤버입니다. 멤버라면 누구나 권리와 의무가 있습니다. 일단 돈을 내었다면, 혹은 개인 정보나 클릭 수를 제공했다면 당신은 의무를 다한 것입니다. 그때부터 남은 건 권리뿐입니다. 대개의 멤버십 비즈니스는 이렇습니다.

한편으로는 권리는 별로 없고 의무만 막중한 멤버십도 있습니다. 의무만 막중한데 멤버가 모이겠냐고요? 이 경우 현실적인 권리는 없지만, 멤버십을 가졌다는 것만으로 뿌듯한 거죠. 나라의 스타들이 가입하는 무슨 전당, 나라의 석학들이 멤버가 되는 무슨 한림원 같은 거 말입니다. 물론 종교적인 이유로 자승자박하는 것도 의무만 있습니다. 아예 세속적인 권리를 포기하라고 하기도 하잖아요. 그런데 자승자박 의무만 있는데 세속의 비즈니스가 되는 게 있습니다. 돈도 내면서 스스로를 구속하는 고객을 대상으로 하는 비즈니스입니다. 저는 이를 '구속경제'라고 부르려 합니다.

RULE MAKER #2 슬릭프로젝트와 트레바리

그렇다면 고객의 무엇을 구속할까요? 고객의 몸과 마음이겠죠. 그래서 특별히 구속경제로 성장한 스타트업 2개를 소개하려 합니다. 대표적인 몸과 마음의 구속으로요. 먼저 몸부터. 여러분 헬스장 가보셨죠? 그렇다면 여러분은 헬스장에서 운동하는 게 권리라 생각하십니까? 아니면 스스로에게 책정한 의무라고 생각하십니까? 게다가 PT까지 하면 비용은 더 들면서 트레이너의 눈치까지 봐야 하지요.

이러한 운동과 피트니스를 구속 비즈니스로 승화한 스타트업이 슬릭코퍼레이션SLEEK입니다. 그들의 운동 구속 서비스가 슬릭프로젝트고요. 혹시 저녁이나 주말에 단체로 검은 옷을 입은 십 수명이 거리를 뛰어다니는 거 본 적 있나요? 그들입니다. 슬릭프로젝트는 전문가의 지도하에 그룹으로 운동하는 커뮤니티입니다. 각 프로그램당 4주 동안 캠프에 모여 오프라인 수업을 진행합니다. 멤버를 최대 16명으로 제한하고 있는데 담당코치는 2명입니다. 제대로 관리하는 거죠.

또 있습니다. 원래 그룹이란 게 그렇지 않던가요? 게으르고 성의 없는 멤버에겐 차가운 눈초리를 보냅니다. 슬릭코퍼레이션의 김형주 대표는 "강한 유대감을 기반으로 한 오프라인 운동이 가장 효과적입니다."라고 합니다. 말이 좋지 '강한 유대감'이 상호 간의 '강한 구속'이 아니고 뭐겠습니까. 2만 명이 넘는 누적회원들은 슬릭, 즉 탄탄하고 날렵한 몸매를 위해 강한 구속감으로 뭉친 이들입니다.

이번에는 마음의 구속입니다. 책 좋아하는 분이라면 트레바리TREVARI를 들어보셨을 겁니다. 트레바리는 독서 모임 서비스를 하는 회사입니다. '트레바리'는 순우리말로 '매사에 트집 잡기 좋아하는 사람'의 뜻이랍니다. 회사 이름부터 감이 딱 옵니다. 6,000여 명 회원의 400개 가까운 독서 클럽을 관장하고 있습니다. 말 그대로 관장입니다. 한 달에 한 번 모여 3시간 40분간 독서 토론을 하는데, 매번 모임마다 트레바리의 직원이 진행을 돕습니다. 돕기도 하지만, 모임 이틀 전까지 400자 이상의 독후감을 써내지 않으면 예외 없이 모임에 참가하지 못하게 합니다. 물론 뒤풀이도 참가할 수 없고요. 그렇다고 회비를 환불받는 것도 아니라고 하네요. 최근에는 신규 멤버 유입 차원에서 미리 책을 읽고 가지 않아도 되는 '트다' 모임도 개설했습니다만, 여전히 트레바리는 트집과 구속 투성인 셈이죠. 그런데도 잘나가고 있습니다. 이미 유료 독서모임 커뮤니티의 대명사로 자리매김하였으며, 투자도 줄 잇고 있답니다.

왜일까요? 왜 사람들은 사서 고생일까요? 왜 돈 내고 구속받으려 할까요? 그렇게 구속을 감내하며 얻고자 하는 게 무엇일까요? 트레바리의 비전은 '세상을 지적으로, 사람들을 더 친하게'입니다. 사람들은 누구나 지적이고픈 욕망을 품습니다. 지적인 자신을 알아주는 사람들과 교류하는 욕망을 품습니다. 그 욕망의 대가로 서슴없이 자승자박하며 구속경제의 일원이 되는 것이지요. 슬릭프로젝트도 마찬가지입니다. 마음이 몸으로 바뀌었을 뿐이지, 이들은 모두 인간 본연의 욕망에 편승하고 있습니다. 트레바리의 윤수영 대표는 다음과 같이 말하지요. "사업은 성인군자가 하는 게 아니고 사람의 욕망에 기대야 합니다. 선의는 있으면 좋지만, 결국 사람을 움직이는 건 욕망이라는 걸 깨달았죠."

자유는 인간이 최고로 우선하는 가치이자 욕망입니다. 그러나 루소나 칸트 같은 이들은 자유를 구분합니다. 말 그대로의 무한한 무분별한 자유를 '원시적 자유(initial liberty)'라 의미를 국한하면서, '진정한 자유(true liberty)'와는 다르다고 합니다. 우리가 지켜야 할 자유, 즉 진정한 자유는 자율적인 규칙 내에서 누리는 자유라 합니다. 자율적인 규칙은 자신이 정한 구속입니다. 또 다른 욕망을 추구하기 위해 자율로 택한 구속입니다. 자유는 그런 곳에 쓰라고 있는 자유입니다. 그런 구속과 자승자박을 받아들일 고객과 시장은 부지기수입니다. 그러한 비즈니스, 때론 그런 관계를 고민해보길 바랍니다.

• 3 •

내 일을 남에게 시킬 것

중국에 가본 지 좀 오래되긴 했지만, 중국에는 엄청나게 큰 식당이 많습니다. 그중에서도 '서호루'는 타의 추종을 불허합니다. 크기가 무려 상암 서울월드컵경기장의 3배이며, 화장실은 무려 40개가 넘습니다. 이 식당은 한 번에 5,000명에게 식사를 제공할 수 있다고 합니다. 대단하죠. 하지만 저는 좀 다른 생각이 들었습니다. '어? 아닌데. 우리나라만 해도 서호루보다 훨씬 더 큰 식당이 있는데?' 이렇게 말이죠. 우리나라의 이 식당을 통해 일요일 하루 평균 100만 명 이상이 식사를 합니다. 어딜까요? 한 달 2,000만 명 이상이 이 식당의 서비스를 이용합니다. 어떤 식당일까요? 바로 배달의 민족입니다. 혹시 잠깐 어이가 없었나요? 피식하셨나요? 그렇지만 왜 꼭 그렇게 생각하십니까? 식당이 왜 꼭 식당이 있어야 하죠? 음식을 만들고 장소를 제공해야만 식당이라는 법은 없습니다. 지금 세상에서 우리가 다 해야만 한다는 룰은 없습니다.

비상장 기업으로 기업가치가 10억 달러, 원화로 1조 원이 넘는 기업을 유니콘 기업이라 부릅니다. 종종 미래 산업의 국가별 경쟁력을 가늠할 때 유니콘 기업의 보유 수를 따져보기도 합니다. 우리나라는 2024년 현재 5개입니다. 반면에 미국의 유니콘 기업은 600개를 훌쩍 뛰어넘었습니다. 대충 감이 오시죠. 여기서 눈여겨봐야 할 포인트가 있습니다. 이 고속성장 기업들의 대다수는 스스로 다 하지 않습니다. 남의 능력과 다른 이의 노력을 활용합니다. 남과의 연결을 통해 자신의 비즈니스 가치를 창출합니다. 초기 유니콘 기업의 대명사와도 같았던 삼총사만 보아도 그렇습니다. 택시 하나 보유하고 있지 않지만 세계 최대 택시회사가 된 우버가 그렇고, 호텔 방 하나 보유하고 있지 않지만 세계 최대 숙박회사가 된 에어비앤비가 그렇습니다. 샤오미는 공장도 별로 없으면서 1,600종이 넘는 제품을 생산합니다. 샤오미가 해야 할 일을 수많은 스타트업과 협력업체에게 시키는 것이죠. 식당이 꼭 식당이 있어야 하지 않듯이, 제조업이 꼭 공장이 있어야 하는 것은 아니지요. 고객의 관점에서는 적절한 제품과 서비스만 받으면 되니까요.

디커플링에 대해 들어보았을 겁니다. 기업에서 고객으로 흐르는 가치사슬 중에 일부를 끊어내어 그곳에 집중하는 전략입니다. 그곳에만 집중하려면 다른 곳은 어떡해야 하죠? 다른 곳은 남의 제품, 혹은 남의 인프라나 서비스를 이용해야 합니다. 플랫폼 비즈니스라는 것도 기본적으로 남의 역량을 이용하는 것입니다. 내 일을 남에게 시켜야만, 세상의 급격한 변화에 대응할 수 있고 그토록 빠른 속도로 성장할 수 있게 되는 것이겠죠.

RULE MAKER #3 　크레이버

남의 역량을 잘 끌어들여서 승승장구하고 있는 회사가 비투링크B2LinK입니다. 아, 2022년 7월에는 사명을 '크레이버Craver'로 바꿨습니다. 그래도 비투링크 시절 스토리가 임팩트 있으니

'비투링크'를 계속 써볼까요? 크레이버, 아니 비투링크를 한마디로 요약하자면 K뷰티 해외 유통 회사입니다. 우리나라 화장품을 해외로 판매하는 플랫폼을 확보하고 있습니다. 비투링크가 자랑하는 우마UMMA는 해외 바이어들을 위한 B2B 쇼핑몰입니다. '이런 특성의 지역에 잘 팔리는 상품을 구매하고 싶다' 또는 '현재 제품 라인업에 어울리는 20달러 미만의 클렌징이 필요하다' 같은 바이어의 뚜렷한 요구에 상응하는 전용 시스템인 셈이죠. 외국 소비자들은 처음부터 대상이 아닙니다. 모든 것은 바이어에게 집중하고 나머지는 바이어가 알아서 하는 구조입니다.

초기 성공신화는 중국으로의 역직구에서 출발합니다. 중국인들이 한국 화장품을 직구하려면 통관과 배송에 하염없는 시간을 보내던 시기였습니다. 이때 '보세창고'를 중국에 만듭니다. 물리적으로는 중국에 있는 창고이지만, 법적으로는 중국밖이니 보세창고에 입고된 물건들은 신속하게 중국 소비자에게 배달될 수 있었던 것이죠. 초기 물량은 2분 만에 완판되었고 중국 파트너인 쥐메이는 곧바로 초도물량의 10배를 주문합니다. 당연히 판매는 쥐메이가 했으니 비즈니스도 남을 시킨 것이고, 보세창고 공간도 남의 것을 사용한 것입니다.

비투링크는 23개국 350여 개의 해외 파트너를 확보하고 있습니다. 매출의 90% 가량을 해외에서 달성한다지요. 그중에는 코스트코도 있습니다. 코스트코에 입점한 K뷰티 루틴 패키지는 말 그대로 대박을 쳤다 하네요. 이소형 대표는 "우리가 파트너들을 찾아내는 것이 아니라, 그들이 우리를 찾아오게 만들겠습니다."라고 장담합니다. 이제 찾는 몫까지 남을 시킬 생각인 모양입니다. 비투링크가 바이어나 파트너에게 열심히 보내는 메시지는 'Our Support, Your Success'입니다. 그런데 왜일까요. 저에게는 'Your Support, Our Success'로 들리는군요.

많이들 물어봅니다. 제가 공대 교수라서 그럴까요. 미래 기술사회에서는 어떤 역량이 중요한지, 어떤 역량을 키워야 하는지 물어봅니다. 저는 단연코 '연결역량'이라고 얘기합니다. 여러분은 연결역량을 얼마나 가지고 계십니까? 제가 정의하는 연결역량은 '남의 능력을 활용하는 능력'입니다. 주변을 돌아보세요. 비단 유니콘 기업, 비투링크가 아니더라도 연결역량을 통해 급성장한 회사가 많습니다. 그런 개인도 많습니다.

초연결사회라 하죠. 연결의 비용은 줄어들었고 연결의 합의는 용이해졌습니다. 그런데 아직까지 나만의 능력을 열심히 개발하고, 우리 기업만 노력을 열심히 경주하고 있습니까? 언제까지 그럴 생각입니까? 그런다고 모든 것이 이전과 같으리라 생각합니까? 이전처럼 가시적이고 노멀한 세상이 아닙니다. 불확실성이 농후할수록 내가 다 하려는 생각은 버려야 합니다. 지금 하는 일, 프로젝트, 신사업 모두 웬만하면 일부라도 남을 시킬 궁리를 해보아야 할 때입니다. 남의 역량을 최대한 활용해볼 만한 시기입니다. 그런 연결의 룰을 만들어보세요, 꼭.

4

일상의 대박

아리스토텔레스가 말했습니다. "나는 모든 성공한 사람들의 하인이고, 모든 실패한 사람들의 주인이다. 사람들을 인생에서 성공하게 만든 것도, 실패하게 만든 것도, 다 내가 한 일이다." 자, 여기서 아리스토텔레스가 지칭한 '나'는 무엇일까요? 힌트 좀 드릴까요? 두 글자이며, 초성은 'ㅅㄱ'입니다. 혹시 '시간'이라고 하셨나요? 이번 장의 제목을 보세요. 네, 맞습니다. '습관'입니다. 하지만 얼핏 생각한 시간도 꽤 그럴듯한 답으로 보입니다. 자, 이번에는 습관, 특히 다른 무엇보다도, 우리의 시간을 좌지우지하는 습관에 집중하여 성공한 기업의 차례입니다.

사전적 정의에 따르면 습관은 '어떤 행위를 되풀이하는 과정에서 익혀진 행동 방식'입니다. 의식적으로든 무의식적으로든 반복된 행위에 기인하죠. 그런데 무의식적인 것까지 철저히 의식하여 자신의 습관을 정복한 이가 있습니다. 미국인이 유달리 존경하는 벤자민 프랭클린이죠. 그는 본인이 이루고자 하는 13개의 덕목을 정의하고, 50년 넘게 매일매일 자신의 행위를 수첩에 적어가며 점검했습니다. 습관적으로 덕목을 이행하기 위한 습관을 만든 거죠. 대단합니다.

물론 우리는 프랭클린이 아니고, 지금은 프랭클린이 살던 시대도 아니니 그렇게까지 하지 않아도 됩니다. 이제 대신해서 좋은 습관을 만들어주는 서비스가 차고 넘치니까요. 운동 습관을 길러주는 '프로그라운드', 달리기 운동에 특화된 '나이키 러닝앱', 다이어트를 도와주는 '다노', 식단과 운동을 동시에 관리해주는 '밀리그램', 독서 습관을 길들여주는 '북적북적', 습관을 종합적으로 관리해주는 '타임캡'과 '플러스마이너스' 등 셀 수가 없습니다. 일명 '습관 만들기' 또는 '습관 추적기' 앱으로 마음만 먹으면 수십 개의 덕목에 대해 수십 년 동안 맘껏 습관을 만들고 추적할 수 있습니다. 그러나 습관을 만들려면, 먼저 시간이 필요합니다. 마음을 먹으려면, 맘껏 하려면, 시간을 내야 합니다. 어쩌면 습관보다 더 중요한 시간, 그 시간을 만들어내는 습관이 최고의 습관이며, 다른 모든 습관보다 더 중요한 최우선의 습관이라 할 수 있겠죠.

RULE MAKER #4 알라미

딜라이트룸^{Delight room}의 '알라미'는 매일 200만 명 이상의 세계인의 잠을 깨우는 알람 분야 세계 1등 앱입니다. 진짜냐고요? 알라미의 현재 누적 다운로드 수는 7,500만 건, 월간 활성 사용자(MAU)는 450만 명입니다. 사용자의 85%가 170개국의 해외 유저이며, 전 세계 97개국에서 알람 앱 분야 1위를 차지하였답니다. 모든 집에 있는 알람 시계, 모든 스마트폰에 있는 알람 기능인데, 유독 이 앱이 세계인의 마음을 사로잡은 이유는 뭘까요?

  가장 많은 이용자가 있는 미국에서 알라미의 별명은 '악마의 앱'이랍니다. 악마 알라미는 과제를 줍니다. 알람 소리를 듣고 잠에 깬 이용자가 악마의 과제를 수행해야, 비로소 알람이 꺼진다고 합니다. 만일 과제를 풀지 못하면 하루 종일 알람이 울려, 견디다 못해 앱을 지우는 사람도 적지 않다고 하네요.

어떤 과제냐고요? 운동, 사진 촬영, 기억 게임, 문제 풀기, 흔들기, 따라 쓰기의 6가지 분야 중 이용자가 원하는 과제를 기상 시간과 함께 스스로 설정할 수 있습니다. 이를테면 '오전 5시에 일어나서 집 앞 공원을 산책한 후, 공원 사진 찍어 올리기' 같은 거죠. 어떻습니까. 단순한 알람이 아니죠? 단순히 시간 관리만은 아니죠? 기상 습관으로 시간을 만들어주는 것만이 아닌, 만들어진 시간으로 운동 습관과 취미 습관도 도와주고 있지 않나요?

딜라이트룸의 신재명 대표는 대학 시절 자신을 새벽형 인간으로 변화시킨 방법을 소개합니다. "화장실에 자명종 시계를 두고 알람이 울리면 샤워를 하며 잠을 깼죠. 대학 4학년 때 이를 자동화하고 싶어 직접 앱을 만들었습니다." '화장실 가서 샤워하기'라는 과제를 설정한 것입니다. 암튼 자신 스스로가 악마가 되고, 악마의 과제도 하고, 악마의 앱의 도움도 받습니다. 그 악마는 원하는 삶을 살게 도와줍니다. 시간 알리미이자 습관 도우미인 셈이죠.

예상할 수 있듯이 알리미는 더 나아가고 있습니다. 악마의 과제로 끝나지 않고, 아침 기상 후에 할 수 있는 건강하고 유익한 '선한' 모닝 루틴을 지원해주는 기능을 보다 강화하고 있습니다. 놀라운 것은 지금까지 투자 한 푼 받지 않고, 2021년에는 매출 130억, 2022년 매출 192억을 달성했습니다. 알려진 2021년 영업이익이 70억이라고 하니, 화장실에 자명종 하나 놓아둔 효과치고는 실로 대단한 습관의 힘입니다.

습관, 기상 알람, 운동 과제 등을 얘기하니 너무 개인적인 얘기로 들렸나요? 아닙니다. 조직과 기업에도 습관이 있습니다. '어떤 행위를 되풀이하는 과정에서 익혀진 행동 방식'이 습관이라 했지요. 조직에서 다소 부정적인 어투의 습관은 '관행'입니다. 반면에 기업의 긍정적인 습관은 '베스트 프랙티스'라 할 수 있고요. 그리고 보면 베스트 프랙티스와 표준 프로세스를 강조하는 ERP와 같은 정보시스템도 습관을 만들어주고, 좋은 습관을 지탱하게 도와주는 장치라 할 수 있습니다. 더 넓게 말하자면, 우리가 그토록 중시하는 시스템이라는 것도 일종의 '되풀이되는 행위에 대한 고정된 방식', 즉 습관이라 할 수 있겠고요.

신년 맞이의 일환으로 세계 유명인사들의 모닝 루틴에 대한 자료를 잔뜩 읽은 적이 있습니다. 의도하여 반복하는 '루틴'도 습관 맞죠? 대다수 모닝 루틴의 상당한 부분은 주로 기상, 식사, 운동에 대한 것이더군요. 아침에는 절대 메일, SNS를 아예 보지도 읽지도 않는다는 사람도 꽤 있었습니다. 그러나 저에게 제일 인상 깊었던 것은 명상이었습니다. 아무리 시간에 쫓겨도, 제아무리 할 일이 산더미 같아도, 조용하고 엄숙하게 명상시간의 루틴은 꼭 지키는 사람, 자신 앞에 놓인 소중한 하루를 위해, 자신을 준비하는 시간으로 마음가짐을 마음다짐하는 사람. 그들의 루틴, 베스트 프랙티스, 시스템, 그들의 습관이 마음에 와닿았습니다. 저도 틈틈이 하고 있습니다. 물론 앱의 도움도 받으면서요. 여러분도 해보길 바랍니다. 명상하면서 여러분과 여러분 회사가 만들어야 할 습관, 지켜가야 할 습관, 그것들을 도와줄 도구나 장치도 생각해보고요.

5

시視보다는 청聽이지

비대면 회의나 학습 많이 하시죠? 많이 익숙해졌죠. 그러면 어떤 방식을 선호하세요? 제 직업이 직업인 만큼, 대학교 수업 얘기를 해볼게요. 보통 3가지 방식이 있습니다. 첫째는 모두 비디오 열고 라이브로 하는 방법, 다음은 모두 비디오 닫고 역시 라이브, 마지막은 교수가 강의를 녹화한 후 학생은 원할 때 접속하는 방법, 이렇습니다. 참고로 학생들이 가장 선호하는 방식은 세 번째입니다. 편하잖아요. 그런데 그 방식이 강의 평가는 제일 안 좋습니다. 선호하지만 평가는 박하다는 거죠. 너무하다는 생각은 들지만 어쩌겠습니까. 그게 고객의 특성인 것을요. 저는 첫 번째 쌍방향 비디오 라이브를 고집하고 있지만, 사실 학생들의 얼굴 보기가 쉽지 않습니다. 카메라 앵글을 제한 적인 모습만 보이게 하고, 대다수가 마스크를 쓰거든요. 장소 도 집인 것 같은데요. 암튼 비디오보다는 오디오가 편한 모양 입니다. 연결은 하고 싶지만 노출되기는 싫은 모양입니다.

올드 팝 중에 '비디오 킬드 더 라디오 스타Video killed the radio star'가 있습니다. 전 세계적으로 꽤 히트했었죠. 하지만 라디 오 스타는 쉽사리 죽지 않았습니다. 청각에 시각을 더한 비디 오의 사실감에 사람들은 열광하며 오디오를 홀대하는 듯했으 나, 휴대용 디지털 오디오 기기의 확산으로 부활하더니, 이제 는 스트리밍 서비스의 호황, 음성인식 인공지능 서비스 출현 등으로 다시금 전성기를 누리고 있습니다. 그러나 이러한 주 변의 기술 환경만으로 오디오의 생명력을 설명하는 것은 좁은 생각입니다. 오히려 주목해야 할 것은 따로 있습니다. 우리 에게 있어서 오디오의 본질은 편함, 편안함, 부담 없음이라는 거죠.

한동안 관심 폭발이었던 클럽하우스는 오디오 기반 SNS입 니다. 기본적으로 스피커와 청취자가 있습니다. 서비스 초기 에 유명인사들이 스피커로 등장해 저 멀리에 있던 그들과 소통할 수 있는 재미가 쏠쏠했죠. 나름 지명도 있는 인사들이 방을 개설하고 기꺼이 등장하는 이유는 뭘까요? 기본적으로 편하기 때문입니다. 라이브라 하더라도 오디오는 비교적 편한 마음으로 본인의 존재감을 드러낼 수 있지요. 음악 한 곡으로 따지자면, 오디오 파일은 비디오 파일에 비해 용량이 대략 1/20 정도입니다. 물론 음질과 화질에 따라 다르지만요. 컴퓨터의 처리만큼, 인지의 처리도, 그리고 부담의 정도도 그만큼 적다고 할 수 있겠죠.

저는 책을 볼 때 항상 음악을 듣습니다. 부담 없는 오디오의 강력한 장점은 멀티태스킹이 가능하다는 겁니다. 심지어 책도 오디오로 보는, 아니 듣는 것이 유행인데(윌라, 밀리의 서재, 네이버의 오디오 클립 등의 오디오북 시장은 꾸준히 성장하고 있다고 합니다), 여러분은 이 콘텐츠를 보고 있나요? 아니면 듣고 있나요? 의외로 많이 듣는다고 하더라고요. 편한 대로 하면 됩니다. 다른 일 하면서 편하게 하면 됩니다.

오디오의 장점에 집중하여, 오디오의 본질에 입각하여 성장하고 있는 회사를 소개해드리겠습니다. 심지어 '오디오계의 유튜브'라 부른다면서요. 2016년 3월 서비스를 시작한 스푼라디오 Spoon는 개인이 라디오 방송을 할 수 있는 서비스입니다. 누적 다운로드 800만 명 이상, 월 방문자 규모는 130만 명을 넘어섰다고 합니다. 그런데 처음에는 음성 녹음을 올려 공유할 수 있는 형태였으니 평가가 시원치 않았습니다. 기억하죠? 대학교 비대면 수업 얘기. 상호명과는 달리 라디오 형식도 아니었고요. 그러다가 "○○라디오 지금 시작합니다."로 녹음을 시작하는 사람들이 늘어나고, 또 사용자 리뷰에 '라이브 방송을 할 수 있으면 좋겠다'라는 글이 지속적으로 올라옵니다. 이에 스푼라디오는 깨닫습니다. "아, 오디오라면 라이브도 큰 부담이 없겠구나." 이것이 현재 스푼라디오의 핵심 기능인 라이브의 개설 동기이자 스푼라디오의 핵심 성공요인입니다. 혹 소싯적에 DJ 하고픈 적 있었나요? 지금 하면 됩니다. 현재 하루에 약 3만 개의 라이브 라디오 방송이 개설되고 있다 하니 부담 없이 할 수 있습니다. 참, 요새는 DJ라 안 하고 BJ라 합니다. 공식적으로는 'Broadcasting Jockey'의 약자이지만, 실제로는 '방장'의 약자랍니다. 참고하세요.

스푼라디오의 최혁재 대표는 말합니다. "디지털 네이티브 세대에게 라디오는 엄마 아빠가 운전하면서 듣는 신비스러울 정도로 고리타분한 매체죠. 스푼라디오는 젊은 세대가 주인공이 될 수 있는, 맘껏 뛰어놀 수 있는 편안하고 새로운 라디오 플랫폼입니다." 신비한 것을 편한 것으로, 고리타분한 것을 새로운 것으로 변환시킨 발상입니다. 오디오의 본질과 고객의 본질을 알아챈 발상입니다.

고객顧客이라는 단어의 의미는 '잠깐 방문한 나그네'입니다. 잠깐 방문한 나그네를 오래 머물게 하려면, 편하게 해주어야 합니다. 부담을 주면 안 되겠죠. 이왕 한자 얘기한 김에 '들을 청聽'의 한자 의미도 살펴볼까요? 한자를 분해해보면 이렇습니다. '10개의 눈(十·目)과 하나의 마음(一··心)을 갖고 왕의 귀(王·耳)로 듣다'입니다. 그렇다면 듣는 게 듣는 것만이 아닙니다. 오디오가 오디오만이 아니네요. 비디오가 오디오를 포함하는 줄 알았더니, 되려 오디오가 비디오를 포함할 줄은요. 그만큼 오디오가 중요하다는 뜻이겠죠. 그만큼 오디오의 본질인 편함이 중요하다는 뜻이겠죠. 그만큼 고객을 편안하고 부담 없게 해주는 오디오에 주목하라는 의미이겠죠. 마치 스푼으로 떠먹여 주듯이 고객을 편하게 해주라는 의미이겠지요. 어떻습니까, 여러분. 지금 하고 있는 비즈니스에 이러한 룰을 더해보면 어떨까요.

• 6 •

할 수 있는 일과 할 수 없는 일

비즈니스 분야의 명언 중에 버스가 등장하는 것이 2개 있습니다. 하나는 그 유명한 짐 콜린스의 《좋은 기업을 넘어 위대한 기업으로》에 나오는 '버스에 인재를 먼저 태우고, 그다음 갈 곳을 결정하라'입니다. 인재의 중요성을 역설한 거죠. 또 하나는 우리가 클라우드처럼 소유의 비경제성을 강조할 때 쓰는 '목적지에 가는 것이 목적이라면, 버스를 사지 말고 버스 티켓을 사라'입니다. 정말 좋습니다. 촌철살인은 이럴 때 쓰는 말이구나 싶습니다.

그런데 이 2가지 명언을 다른 각도로 살펴보면, 또 다른 공통점이 발견됩니다. 목적지보다는 가기 위한 조건과 방법에 주목하고 있다는 사실입니다. 가기 위한 인재나 티켓을 따지고 있으니까요. 그래서 오늘은 이런 생각을 해보려 합니다. '때론 주어진 조건을 더 충실히 들여다보아야 하지 않을까' 이런 생각 말입니다. 마냥 목적만 추구하기보다는요.

최적화 이론이라는 것이 있습니다. 최적화 이론의 핵심요소는 목적함수와 제약조건입니다. 간단히 말해 주어진 제약조건에서 목표하는 목적함수를 최대화 혹은 최소화하는 것이 최적화입니다. 목적함수가 이익이라면 최대화하고, 비용이라면 최소화해야겠지요. 알기 쉽게는 목적함수가 이상이라면, 제약조건은 현실입니다. 우리는 보통 갈 곳과 목적지를 먼저 외칩니다. 꿈이나 비전의 이름으로, 연간계획이나 성과계획의 명목으로 말입니다. 이상이 먼저, 다음이 현실인 거죠. 그러나 현실이 엄연할 때 이 방식은 너무 이상적입니다. 조건에 집중해야죠.

오랫동안 1인당 라면 소비량 세계 1위였던 우리 한국인의 1인당 연간 소비량은 약 74개입니다. 5일에 하나꼴로 먹는 셈이죠. 이 국민음식에는 재미있는 탄생 스토리가 많습니다. 인스턴트 라면의 개발자 안도 모모후쿠는 먼저 인스턴트 라면의 전제조건을 정의합니다. 가볍게 보관하고 쉽게 조리할 수 있어야 한다는 것이었습니다. 그래야 '인스턴트'라 할 수 있겠죠. 결국 면이 문제인데, 무엇보다 그 조건을 우선시하며 1년 넘게 고민을 이어갑니다. 그러다가 통통한 면을 고온의 기름 속에 넣으면 수분이 빠져나가면서 건조 상태가 되었다가, 다시 뜨거운 물에 넣으면 통통하고 부드러운 면이 되는 것을 발견합니다. 조건에 부합한 방법을 개발한 것이죠.

컵라면도 그랬습니다. 말 그대로 '컵'이라는 조건에 집중합니다. 용기는 휴대하기 편한 컵 사이즈여야 하니, 면발은 더욱 가늘게 만듭니다. 또 컵에 간단히 뜨거운 물만 부어 고루 익혀야 하니, 면발의 밀도를 뜨거운 물이 머무르는 상부와 그렇지 않은 하부를 다르게 구성합니다. 인스턴트 라면은 봉지 라면이나 컵라면이나, 철저하게 전제조건에 기반하여 개발한 결과물입니다. 조건을 맞추는 것이 목적이 된 셈이니, 조건이 목적에 앞선 것이라 하겠지요.

이큐브랩Ecube Labs도 현실의 조건을 자각하며 성장의 역사를 시작했습니다. 이큐브랩의 권순범 대표는 대학 2학년 때 기업의 사회적 역할에 대한 동아리에 가입했습니다. 그러면서 대학가의 사회문제를 둘러보게 되었지요. 그중에서도 특히 밤만 되면 넘쳐나는 각종 쓰레기들과 쓰레기통을 눈여겨보게 됩니다.

처음에는 시민의식을 탓했습니다. 길거리의 쓰레기통 크기가 너무 작다고도 생각했었지요. 그러나 현실을 자각하게 됩니다. 절대적으로 쓰레기양이 너무 많은 거죠. 시민의식을 제고하거나, 쓰레기통의 크기와 개수를 늘리는 등의 얘기는 현실적이지 않다는 것도 알게 됩니다.

권 대표가 택한 현실조건에 충실한 방법은 쓰레기를 압축하는 것이었습니다. 마치 라면 면발을 건조 압축한 것처럼요. 쓰레기통에 태양광 설비를 부착하여 자동으로 쓰레기를 눌러 압축하는 '클린 큐브'의 탄생 스토리입니다. 쓰레기통 이름치고는 꽤 클린하죠? 실제로 외관도 그렇습니다. 클린 큐브의 명성은 국내보다 해외에서 높습니다. 현재 60여 개국, 300여

개 도시에서 사용하고 있으며 매출의 90% 이상이 해외에서 나온다 하네요.

이큐브랩의 성장에는 또 하나의 도약이 있었습니다. 이 역시 제약조건을 피하지 않고 정면돌파한 성과죠. 미국 시장을 개척하면서, 쓰레기 수거업체와의 협력이 전제되어야 하는 걸 체감합니다. 그러나 그들은 클린 큐브나 이큐브랩의 기술과 데이터에는 아무런 관심이 없었습니다. 100년 넘게 변화가 없어도 돈 잘 버는 기업들이었으니까요. 그래서 쓰레기 수거업체의 고객인 쇼핑몰이나 레스토랑, 주유소 등을 공략합니다. 쓰레기를 배출하는 최종고객이 직접 수거업체를 고를 수 있도록 하는 플랫폼인 하울라Haulla도 출시 했지요.

최종 고객의 입장에서는 이큐브랩의 친환경 쓰레기통을 선호하는 게 당연하겠죠? 이제 쓰레기 수거업체와 긴밀한 협력도 가능합니다. 이큐브랩은 2023년 미국 주요 도시 20곳에서 4,300개의 고객사를 확보하였으며, 하울라는 이큐브랩의 전체 매출 80%를 차지하고 있다고 합니다. 다 현실 제약조건의 자각에서 빚어낸 결과라 하겠죠.

우리는 청년 세대에 관심과 애정이 많습니다. 그들에게 조언과 충고도 아끼지 않습니다. 아주 흔한 멘토링 중 하나는 '하고 싶은 일을 하라. 하고 싶은 일을 해야 열정도 생긴다' 같은 거겠죠. 그러나 꼭 그렇습니까? '하고 싶은 일'을 하다 안 되면 어쩌죠? 열정만 가지고 다 되는 세상이 아니잖아요? 그렇다면 너무 듣기만 좋은 무책임한 말 아닙니까? 오히려 '할 수 있는 일'을 우선해야 하지 않을까요? 할 수 있는 일을 해서 작은 성공이라도 만들고, 그 성공의 자신감으로 더 많은 일로 나아가는 것이 더 현실적인 게 아닐까요?

권순범 대표는 이렇게 말했습니다. "섹시하지 않은 사업일수록 섹시한 기회가 많습니다." 쓰레기통 뒤지는 일을 누구나 하고 싶은 섹시한 일이라 하진 않겠지요. 하고 싶은 일도 좋지만, 그런 목표를 세우는 것도 좋지만, 할 수 있는 일에서 기회를 찾고, 현실의 제약조건을 자각하며, 또 우선시하면서 기회를 찾는 게 현명한 게 아닐까요?

이 대목에서 성 프란치스코의 기도문이 생각납니다. 한번 읊어 볼까요? "주여, 내가 할 수 있는 일은 최선을 다하게 해주시고, 내가 할 수 없는 일은 포기할 줄 아는 용기를 주시며, 무엇보다도 이 둘을 구분할 수 있는 지혜를 주소서." 무엇이든,

그 어떤 사소한 것이라도 최선을 다해서 살펴본다면 섹시한 기회는 반드시 오지 않을까요?

Part 2

다 보여주는,
투명의 룰

불편해도 진실이다

OHP라고 있었습니다. 기억하세요? 오버헤드프로젝터라고 투명필름에 유성펜으로 글씨를 써서 프로젝터에 올린 뒤 스크린에 투영되게 하는 거요. 당시에는 강의와 발표의 혁신을 가져온 기기였죠. 암튼 기억하는 분들은 연배가 좀 되시는 분들인 건 확실합니다. 대학사회의 불편한 진실을 하나 말씀드릴게요. 처음에 OHP를 반겼던 교수들은 곧 후회하게 됩니다. 분필로 쓰는 시간이 줄어드니 수업 준비량이 어림잡아 3배가 늘었거든요. 그리곤 PPT의 등장으로 그림까지 정확하고 명확하게, 심지어 학생들조차 수업 전에 파일로 받게 됩니다. 또 3배. 이제는 비대면 온라인 수업으로 출결 체크도 필요 없고 사소한 담화도 제한됩니다. 다시 또 몇 배. 그마저도 뻔한 내용이면 학생들은 핸드폰으로 대신 검색하고 노트북으로 영상 보고. 교수하기 힘들어졌다는 말, 진실입니다.

그러나 어쩌겠습니까. 불편하지만 진실인데요. 받아들여야죠. 요즘 환영받는 교수는 PPT도 능수능란하고, 때론 온라인을 병행하며, 학생들에게 정보검색과 영상시청도 장려합니다. 불편해도 진실을 직시하고 헤쳐갑니다. 비즈니스도 마찬가지겠죠?

투자 시장은 항상 부침이 있기 마련입니다. 그러나 스타트업으로 향하는 투자의 열기는 식을지언정 꺼질 줄 모릅니다. 성공한 스타트업은 시대를 상징하고 산업의 표상이 되죠. 사회는 그들을 칭찬하고 산업은 그들을 새로운 리더로 치켜세워주고요. 대기업들도 그들의 혁신문화를 배우기 급급합니다. 흔히 '네카라쿠배당토직야' 같은 기업들의 고객 중심 혁신과 수평 조직 문화를 답습합니다. 무언가 올곧은 시대정신, 올바른 기업문화를 그들에게서 찾고 싶은 거겠죠.

그러나 꼭 그런 것만은 아닙니다. 진실은 우리가 항상 추종해야 할 것으로만 채워져 있지는 않습니다. 고객 중심의 혁신은 궁극적으로 고객을 위해서라기보다는 자신들의 사업 성공을 위해서입니다. 수평 조직 문화에는 개인주의와 무책임이 기생합니다. 그렇지 않습니까? 글로벌이나 국내나 성공적인 수평 조직 문화의 정점에는 누군가가 있습니다. 일반 직원들의 개인주의적 무책임을 상쇄할 수 있는, 모든 권한과 책임을 관장하는 강력한 리더십이 있습니다.

소수 리더의 관장과 헌신이(그 소수를 제외한) 나머지의 자유로운 수평적 분위기를 만들었다 하겠죠. 수평의 분위기는 언제든 타 직장으로 수평 이동을 가능하게 합니다. 보통 스타트업 일반 직원들의 퇴사율은 대기업보다 높습니다. 더 나은 근무조건에 움직이는 직원을 뭐라 할 수 있을까요. 그것이 진실입니다. 우리 모두가 스타트업, 스타트업 응원하지만, 대다수의 스타트업은 막대한 성공을 꿈꾸는 창업자들과 소소한 성장을 바라는 직원들이 모인 영리집단일 뿐입니다. 그것이 불편한 진실입니다.

그러나 이 스타트업은 좀 달리 생각해보려 합니다. 진심으로 고객을 위한 기업인지, 진정으로 위아래가 없는 기업인지는 몰라도, 그것을 가능하게 하는 사업모델을 갖고 있는 건 확실하거든요. 특히나 불편한 진실을 직시하는 사업모델입니다. 수퍼빈SuperBin은 '네프론'이라는 로봇을 판매합니다. 로봇에는 AI 인식기술도 있고요. 하지만 수퍼빈은 친환경 기업이라 부르는 것이 맞습니다. 네프론은 재활용 쓰레기를 투입하면 이를 구분하여 자동 분류 수거를 진행하는 로봇이거든요.

주목해야 할 점은 2가지입니다. 첫째를 위해 질문을 하나 해보겠습니다. 우리의 일과가 된 쓰레기 분리배출. 과연 분리배출된 쓰레기는 얼마나 재활용될까요? 음식물 묻은 플라스틱, 라벨 붙은 페트병이 재활용될까요? 페트병은 병과 뚜껑이 소재가 다르고, 알루미늄 캔도 꼭지와 중앙부가 다릅니다. 신문지와 종이상자도 펄프 재질이 다르고요. 제대로 분류되지 않으면 모두 소각장 행입니다. 소각시설의 유치 반대로 근자에는 매립장으로 간답니다. 소주 회사, 맥주 회사가 수거하지 않는 유리병들도 소각이나 매립이랍니다. 그런데도 그 약간의 재활용, 조금의 친환경을 위해서 분리배출을 하는 거죠. 정말 불편하기 그지없는 진실입니다. 이 불편한 진실을 마주하며 쓸모 있는 쓰레기와 그렇지 않은 것을 분리하고 분류하는 기업이 수퍼빈이고, 그들의 로봇이 네프론입니다.

둘째는 네프론은 단지 쓰레기를 받는 쓰레기통이 아닙니다. 쓰레기를 받고 현금을 돌려줍니다. 사실상 재활용이 이루어지는 쓰레기는 소주병과 맥주병입니다. 소주회사와 맥주회사는 새로 병을 제조하는 것보다 재활용하는 것이 싸게 먹힌다는 사실에, 그 병들을 기꺼이 돈 내고 회수하죠. 그 사실에 착안하여 또 다른 불편한 진실에 직면합니다. 인류는 쓰레기마저 소소한 이익이 있어야 제대로 분리배출을 한다는 생각 말입니다.

어떻습니까? 좋은 회사이긴 한데 사업은 잘될까요? 쓰레기 받고 돈 주는 회사인데요. 실제로 지금까지 네프론을 통해 수거되어 사람들에게 환전해준 누적 금액은 12억 원에 이른다고 하는데 말이죠. 네, 최근 2년 연속 200억 가까운 투자를 유치하여 지금은 회사 가치가 2,000억 원에 육박했으니 너무 걱정하지 않아도 됩니다.

수퍼빈의 김정빈 대표의 뇌리에 깊숙이 자리 잡은 순간이 있습니다. 구미시에 네프론 6대를 팔러 방문했을 때, 담당 공무원이 무턱대고 재활용 선별장을 데려갔다 합니다. 그곳의 풍경은 김 대표의 표현대로 '인간이 만든 아수라장'이었다죠. 온갖 악취의 폐기물 산더미에 할머니들과 외국인 노동자들이 쪼그려 앉아 손으로 분류하는 그 모습이 충격으로 다가왔답니다. 그리고 그 공무원의 한마디. "김 대표님, 누군가는 이 문제를 해결해야 해요." 이렇듯 불편한 진실을 직시한 수퍼빈에게, 종종 보게 되는 스타트업과 스타트업 조직의 이기적 개인주의는 찾기 어렵습니다. 회사가 하는 일이 이런데, 하는 일에 많은 이들이 응원하는데, 알게 모르게 직원 모두에게 이타적 자긍심이 스며들지 않았겠습니까. 참, 수퍼빈 김정빈 대표는 환경분야의 노벨상이라 부르는 '어스샷'의 최종 후보에도 올랐다고 하네요.

불편해도 진실입니다. 진실이어서 불편하기도 합니다. 사물의 본성에 대해 냉정한 지혜를 발휘한 철학자 루크레티우스의 말이 떠오릅니다. "진실 그 자체는 너무나 단순하다. 그래서 진실을 알게 된 직후에는 도리어 그것이 진실인지 의심하게 된다." 어쩌면 불편해서 의심하는 것 아닐까요? 여러분 기업에, 여러분의 상황에 자리 잡은 진실. 의심하지 말고 불편해도 직시해야 합니다. 누군가는 그 문제를 해결해야 하지 않을까요?

• 8 •
무엇을 투명하게 할 것인가

'투명'의 반대말은 뭐죠? '부패', '부정' 이런 것들을 떠올리셨나요? 아마도 우리의 현대사에 있었던 특정 일부로의 과다한 부와 권력의 쏠림 현상, 이들만의 거래를 지켜보다 이러한 인식이 생긴 것 같습니다.

그래서 그런지 언제부터인가 투명성이 일종의 사회의 절대선善이 되고, 심지어 우리는 투명해야 한다는 강박관념까지 가지게 되었습니다. 하지만 과연 비즈니스 환경에서 모든 것이 투명한 게 좋은 것일까요? 만일 투명해야 한다면, 하고자 한다면 과연 무엇을 투명하게 해야 할까요?

키엘Kiehl's은 화려한 색상과 강렬한 디자인의 여타 화장품과는 달리, 순백색 바탕에 깨알 같은 글자로 덮여 있습니다. 화장품 용기 전면에 제품의 설명과 성분의 구성을 자세하게 표기하여 부각하는 이른바 '정보제공 패키징'이지요. 키엘 창업자 가문이 2000년 키엘을 대형 화장품 기업인 로레알에 매각할 당시 내건 조건은, 유명 연예인으로 광고하면 안 된다는 것이었습니다. 값비싼 광고모델을 쓰지 않는 대신 키엘의 품질을 높여달라는 주문이었다죠. 아무튼 고객의 권리, 고객의 알 권리를 중시하는 '정직한 제품'의 대명사가 됩니다.

기업이 추구하는 투명성은 다양합니다. 기업의 지배구조, 협력사와의 거래관계, 관계법령의 준수여부 등. 그러나 뭐니 뭐니 해도 일반 소비자 입장에서 예민한 건 소비자에게 직접적인 영향을 미치는 상품의 제조과정에 대한 정보겠죠. 쥬씨JUICY는 저렴한 가격의 대용량 과일주스로 선풍적 인기를 끌며 2016년에는 전국 500여 개 매장을 오픈합니다. 그러나 이 가격으로 나올 수 없는 생과일주스의 단맛에 대한 논란이 확산되자 자사 홈페이지에 레시피를 공개합니다. 실제로 적지 않은 당분과 MSG 성분이 들어가는 것으로 밝혀졌고, 이는 바로 급격한 매출 하락으로 이어집니다. 자신이 없었다면 애초에 표방하지 말았어야죠. 생과일주스든 투명성이든요.

투명을 내세운 영리한 사례는 서울우유에서 찾을 수 있습니다. 2009년 서울우유는 의무사항인 유통기한 외에 제조일자를 표기합니다. 따져보면 유통기간은 제조일로부터 계산되는 것이니 엄청나게 새로운 정보도 아닙니다. 그럼에도 불구하고 소비자의 갈채와 신뢰를 득하며, 당시 서울우유의 하루 평균판매량은 800만 개에서 1,000만 개로 수직상승합니다.

RULE MAKER #8 　버드뷰

이쯤에서 생각해보길 바랍니다. 세상이 투명을 원한다면, 여러분이 투명성을 전략적 수단으로 고려한다면, 과연 무엇을 투명하게 해야 할지 말입니다. 대안을 더 늘려드리기 위해, 여기 한 서비스를 소개하겠습니다. 버드뷰Birdview라는 기업의 '화해'입니다. '화해'는 '화장품을 해석하다'의 약자입니다. 화장품 정보 플랫폼으로 4,000개가 넘는 브랜드의 8만 개에 가까운 화장품을 분석합니다. 식품의약품안전처의 '알레르기 주의 성분', '기능성 성분', 대한피부과의사회 출처의 '피부타입별 성분' 정보를 제공합니다. 특히 미국에서 가장 영향력 있는 비영리 환경 운동 단체인 EWG의 원료 유해성 등급을 중심으로 각각의 화장품을 평가합니다. 게다가 소비자의 가감 없는 리뷰로 투명성을 천명하며 400만 누적 다운로드를 기록하지요.

그간 화장품 시장은 급격한 변화를 겪었습니다. 샤넬 같은 고급 화장품에서 미샤 같은 저가 화장품으로, 백화점 매장에서 대중 로드샵으로. 그러면서 우리에겐 엄청나게 다양하고 천차만별한 가격의 제품이 쏟아졌습니다. 과연 나에게 맞는 성분의 가성비 최고인 제품은 무엇일까. 그런 당연하고 자연스러운 질문이 화해의 성공을 불러온 것이지요. 이제 화해는 더 나아가고 있습니다. 성분과 리뷰에서 우수한 평가를 받은 화장품만 입점시킨 '화해쇼핑'을 런칭하여 채 1년이 되기도 전에 매출액 100억을 돌파합니다.

화해의 성공요인은 자사의 투명성이 아닙니다. 다른 회사와 남의 제품에 대한 정보공개였죠. 이미 공개된 전문가의 기준과 공론화된 소비자의 리뷰로 투명성을 구가했으니 부담도 적었겠지요. 스마트한 룰을 세팅해 덕을 톡톡히 봤습니다. 그러나 화해는 이제 스스로의 투명성을 확보하고 담보해야 할 시기에 직면했습니다. 화해의 수익모델은 사이트의 광고와

화해쇼핑 판매수수료입니다. 화장품 기업들이 고객인 셈이죠. 고객의 이익이 자사의 이권이 되는 구조가 되었으니 만만치 않은 문제에 봉착한 것입니다. 이로 인해 화해가 제시한 투명 기준에 손해를 본 화장품 회사들의 공격을 받고 있습니다. 이에 버드뷰의 이웅 대표는 "화해는 중립성과 공신력에 기반한 서비스입니다. 우리의 서비스에 어떠한 인위적인 조작도 원천봉쇄하도록 노력하겠습니다."라고 다짐하고 있습니다.

정부나 대기업의 비밀문서를 폭로하는 위키리크스WikiLeaks의 편집장이었던 줄리언 어산지는 외칩니다. "약자에게는 프라이버시를, 강자에게는 트랜스패런시를." 세상과 시장은, 인간과 고객은 기본적으로 내로남불 성향이 있습니다. 투명해야 한다고 촉구하는 대상은 강자이고 남이지, 결코 약자나 나 자신은 아닐 것입니다. 무엇을 투명하게 할 것인지는 그리 단순한 문제가 아닙니다.

아참, '투명'의 사전적 반대말은 '은밀'입니다. '투명'이 절대적으로 선을 의미하는 단어가 아닌 것처럼, '은밀'도 절대적으로 악을 의미하는 단어는 아닙니다. 기업을 운영하고 사업을 영위할 때에, 당연히 투명해야 할 것은 투명해야 합니다. 그러나 그

외의 것들에 대해서는 여러 각도로 생각해보아야 합니다. 여러

분만의 룰을 만들 때 말이죠.

어떤 진입장벽을 세우렵니까

혹시 드라마 '왕좌의 게임' 보셨나요? 왕좌를 차지하기 위한 수많은 전쟁 장면의 압권은 대너리스 타르가르엔 여왕의 하늘을 나는 용들이죠. 칼과 방패, 고작해야 화살 정도로 전쟁을 치루는 시기에 최선의 방어는 역시 높다란 장벽을 두른 성입니다. 산 정상, 산기슭에 자리 잡은 성은 정말 난공불락의 요새죠. 그런데 그러면 뭐합니까. 하늘을 나는 용이 불을 뿜어대는데요.

이런 속수무책 어이없는 일은 현대 전쟁사에서도 발견됩니다. 1차 세계대전이 끝난 후, 히틀러의 등장으로 경각심이 고조된 프랑스는 독일과 맞닿아 있던 국경지대에 요새를 짓습니다. 10여 년에 걸쳐 건설된 방호 요새는 총길이 720km에 달합니다. 대전차호와 다중 철조망, 포대와 기관총좌, 지휘소, 탄약고, 식량창고, 지하 철도망까지. 독일이 프랑스에 진입하지 못하게 하기 위한 어마한 규모의 진입장벽, 이름하여 마지노선(Maginot Line)이 탄생합니다. 그러나 2차 세계대전은 시작되고, 독일은 이를 비웃듯 강력한 폭격기로 지상의 요새를 훌쩍 넘어와 프랑스를 초토화시킵니다. 심지어 육군도 마지노선 위편의 벨기에 국경으로 우회하여 파리로 진격하고요. 정말 어이없지 않나요? 마지노선 건설의 별명이 '역사상 최고의 삽질'이라 하네요.

기업이나 사람이나 자신만의 비법을 갖고 싶어합니다. 자신만의 차별화된 방식으로 차별화된 경쟁력을 확보하여, 남들이 범접하기 어려운 진입장벽을 구축하길 원합니다. 며느리에게도 알려주기 싫은 맛의 비밀을 마치 곳간의 열쇠처럼 움켜쥐고 있었던 시어머니들이 적지 않았다죠. 그러나 세상은 바뀌었습니다. 이제는 그 시어머니들도 며느리의 도움을 받아 유튜브로 온 세상에 비법을 전수하기 바쁩니다. 기업에게 독보적인 제품과 서비스로 건설된 '진입장벽'은 군침이 도는 단어입니다. 그러나 세상은 바뀌었습니다. 현대 경영의 핵심

전략으로 등장한 플랫폼 전략은 개방·참여·공유가 본질입니다. 오히려 '장場'을 열고 '판'을 벌려 참여하는 모든 '인人의 장막으로 철옹의 '성城'을 쌓자는 역발상이자 개방형 전략인 거죠.

개방형 진입장벽의 예시는 한둘이 아니지만, 눈에 쉽게 보이기로는 최근 그 장벽의 높이가 더욱 높아지는 올리브영 OLIVEYOUNG을 꼽을 수 있습니다. 사실 H&B 매장이 등장한 건 그리 오래되지 않았습니다. 개별 뷰티 브랜드들이 자사의 상품을 고집하는 '로드샵'이 대세였죠. 그러나 올리브영은 특정 제품을 사려면 특정 브랜드 로드샵을 가야 하는 진입장벽을 뛰어넘기로 합니다. 수도권과 지방 대도시의 유동인구가 많은 금싸라기 땅에 입점하여 고객을 모으고, 한편으로는 브랜드를 가리지 않고 상품을 모읍니다. 유통망 확보가 어려웠던 중소기업 브랜드부터, 아직 국내에 진출하지 않은 해외 브랜드까지. '장場'을 열고 '판'을 벌려 장벽을 높이기는커녕 낮추고 낮춥니다. 지금은 한껏 장벽을 낮춘 덕에 진입장벽은 높아져만 갑니다. 경쟁 H&B사가 점포를 줄이는 동안에도 계속 늘리고 있으니까요.

RULE MAKER #9 쿠콘

올리브영이 눈에 쉽게 보였다면, 이번에는 눈에 쉽게 보이지는 않지만, 데이터 경제 시대에 장벽을 낮추어 진입장벽을 높여가고 있는 성장기업이 있습니다. 회사명은 쿠콘coocon입니다. 무슨 의미인고 하니, 3개의 C, 'Collect', 'Connect', 'Control'의 합성어랍니다. 딱 감이 오죠? 은행, 카드사, 증권사 등 500개 기관의 5만여 개 정보를 수집하여, 금융기관, 핀테크회사, 일반기업과 공공기관에게 연결해줍니다. 많은 수의 기관 정보를 모아 또 다른 많은 수의 기관에게 제공하는 진정한 데이터 비즈니스의 전형이죠. 원래 컬렉트하는 정보의 속성이나, 커넥트하는 연결의 특성, 또 그리하여 컨트롤하게 되는 파워의 본성은 모두 기하급수입니다. 늘어날수록 늘어나고, 강해질수록 강해지는 차별화된 경쟁력, 곧 높아질수록 더 높아지는 진입장벽이죠. 쿠콘의 김종현 대표는 "조만간 베트남과 인도네시아에 진출할 것이며, 궁극적으로는 아시아를 넘어 전 세계 금융 데이터를 목표로 오늘도 COOCON하고 있습니다."라고 자신 있게 말합니다. 함부로 넘기 어려운, 넘보기 어려운 진입장벽 구축에 따른 자신감입니다.

여기서 하나 짚고 싶은 것이 있습니다. 오랜 듬직한 고객이 있다고요? 생산하는 제품과 제공하는 서비스의 대부분을 소화해주는 고객이 있어 든든하다고요? 아무도 끼어들지 못할 끈끈한 관계로 안정적 사업을 영위하고 있다고요? 근데 정말 안정적입니까? 철통의 마지노선을 구축했다고 자신하나요? 과연 언제까지일까요? 최후의 보루인 마지노선이 격파되면 어쩌죠? 철석같이 믿고 있는 진입장벽 위를 남들이 훌쩍 날아다니고, 아니면 살짝 우회하면 어쩔 셈인가요? 세상은 바뀌었고, 관계도 바뀝니다. 다양한 공급자와 협력업체, 다양한 고객과 시장이야말로 진정한 진입장벽입니다. 쿠콘이나 올리브영이나, 일대일이 아닙니다. 일대다도 아닙니다. 엄청나게 많은 다대다 연결의 중앙에 위치한 덕으로 높디높은 진입장벽의 벽돌을 계속 쌓아가고 있는 기업들입니다.

쿠콘의 3개의 C처럼 저에게도 '3C'가 있습니다. 제가 좋아하는 3개의 블랙푸드인데, 커피와 초콜릿이 있고요. 나머지 하나는 뭘까요? 코크, 코카콜라입니다. 이 3C가 없는 세상에 산다고 상상하면 끔찍합니다. 만약 무인도에 표류한다면 칠흑같이 새까만 밤하늘을 보며 이 새카만 3개의 C를 생각하겠죠. 역사상 최고 가치를 자랑하는 비법은 코카콜라 제조법입니다. 약제사 존 펨버턴이 만든 코카콜라의 제조비법은 137년째 기밀을 유지하고 있습니다. 탄산음료업계의 철옹의 진입장벽이죠. 어떠세요? 137년은 아니어도 13년 지킬 자신은 있나요? 코카콜라만큼 할 자신 있나요? 그렇지 않다면 다시 생각해봐야 합니다. 지금 여러분의 기업이 자신 있어 하는 진입장벽을, 여러분이 혹여 갖고 있을 진입장벽에 대한 고정관념을요.

· 10 ·

가상의 현실

사람과 사람이 만나면 대화를 합니다. 대화를 통해 상대의 의사를 인식하게 되죠. 그런데 상대의 의사를 인식하는 데 언어가 차지하는 비중이 얼마나 될까요? 놀라지 마세요. 고작 7%에 그친다고 합니다. 그럼 나머지는요? 38%는 청각에 의지하고, 무려 55%가 시각에 의지 합니다. 이는 심리학자 앨버트 머레이비언의 《조용한 메시지Silent Messages》에 수록된 연구 결과입니다. 분명 내용은 언어로 표현될 텐데요. 정작 받아들이는 이에게는 내용이 표출되는 모습과 소리가 중요한 모양입니다.

다른 얘기도 해볼게요. 누군가 여러분께 하고픈 말을 합니다. 이때 문자와 전화 중 어떤 것이 더 마음에 와닿나요? 이메

일과 손편지 중 어떤 것에 더 마음이 움직이나요? 따로 답을 드릴 필요 없겠죠? 같은 내용, 같은 콘텐츠라도 전달하는 방식, 전달되는 모습에 따라 크게 달라집니다. 그렇습니다. 비즈니스에서도, 그런 비즈니스를 추구하는 사업모델에도, 그런 사업모델을 가능하게 하는 기술에 있어서도 마찬가지로 유효한 얘기입니다.

콘텐츠를 전달하는 모습이나 양태, 전달하는 방식을 다른 말로 하면 바로 미디어입니다. 이럴 때 기억해야 하는 문구가 있습니다. "미디어는 메시지다." 현대 커뮤니케이션 분야 거장 마셜 매클루언의 간단명료한 메시지죠. 콘텐츠가 담긴 미디어가 무엇인가에 따라 콘텐츠가 전달되는 강도는 확연히 다릅니다. 충분히 동의하시리라 믿습니다. 말보다는 모습이, 내용보다는 형식이 압도하며, 때론 모습과 형식 자체가 핵심 메시지가 된다는 얘기겠죠. 그렇다면 왜일까요? 분명 콘텐츠에 메시지가 설명되어 있는데요. 그것은 콘텐츠에 '리얼리티', 현실감을 불어 넣어주는 것이 미디어이기 때문입니다. 사람은 현실감이 있어야 현실적으로 받아들이기 때문입니다.

이 대목에서 같은 맥락으로 가상현실도 따져보겠습니다. 가상현실도 당연히 현실감이 중요합니다. 우리가 가상의 세계를 꿈꾸지만, 현실감이 없는 가상은 그저 공허한 꿈에 불과합니다. 가상현실이라는 명확한 주제, 뚜렷한 기술이 이미 엄연했는데, 파생 아류인 메타버스 열풍이 불었던 이유는 무엇이었을까요? 엄청난 가상이 아닌 약간의 가상이어서였습니다. '매트릭스' 같은 SF영화에 나오는 가상현실은 아직은 먼 미래입니다. 그러나 우리가 살아가는 공간을 재현한 메타버스나 우리가 마주하는 사람을 모방한 가상인간은 곧 현실입니다. 현실을 가상으로 구현하거나, 현실을 표방한 가상이니 리얼리티가 그득합니다. 이것이 가상의 현실이고, 현재의 우리가 가상현실 비즈니스를 바라보아야 하는 시각이지요. 다음 기업의 성장세를 보면서 좀 더 얘기해보겠습니다.

RULE MAKER #10 VA코퍼레이션

경기도 하남의 아파트 단지를 지나다 보면 갑작스러운 거대한 회색빛 벽 모양의 건물이 눈에 들어옵니다. 그 벽 좌상단에는 '브이에이스튜디오VA Studio'라 쓰여있군요. 브이에이코퍼레이션이 만든 약 3,400평의 국내 최대 가상 스튜디오입니다. 보통의 스튜디오에서 배경과 인물을 합성할 때는 크로마키라 부르는 초록색 스크린을 사용합니다. 색조의 차이를 이용하여 인물을 뽑아내 원하는 배경과 합성하는 식이죠. 그러나 가상 스튜디오는 다릅니다. 벽을 느끼게 했던 건물의 안에는 또 다른 벽이 있습니다. 'LED 월'이죠. 이곳에 위치한 3개의 스튜디오 중 제3 스튜디오가 특히 웅장한데 가로 53m, 높이 8m, 지름 19m의 거대한 규모로 LED 패널이 촘촘하게 구성되어 있습니다. LED 월은 커브형으로 휘어져 있고, 이 안에 인물이 들어가면 간단히 합성됩니다. 인물 혹은 시청자의 시각에 따라 LED 월의 풍경과 LED의 빛이 실시간으로 바뀌며 현실감의 탄성을 자아냅니다. 한번 생각해보세요. 아니, 한번 가보세요. 가상의 현실이, 가상의 현실감이라는 게 무엇인지 느끼게 될 겁니다.

브이에이코페레이션의 정체를 몇 개의 LED 월 소유자로만 국한하면 안 됩니다. 시각효과 관련 전문기술부터 콘텐츠 기획 및 제작 능력을 모두 보유하고 있지요. 그렇지만 역시 LED 월입니다. 가상현실의 인프라이자 미디어입니다. 그것도 아주 현실적인 가상현실이고, 그래서 리얼리티 가득한 가상이지요. 저 멀리 체감되기 어려운 방식이 아닌, 알기 쉽고 손에 잡히는 가상으로 현실감을 충족시켜줍니다. 브이에이코페레이션에게 있어 초대형 LED 월은 후발주자들을 현실적으로 압도하는 진입장벽이고요.

시간과 공간의 한계를 초월하는 가상의 현실을 이용하고자 하는 이들이 줄을 서고 있습니다. 마치 돔구장과 같습니다. 날씨와 상관없이 촬영이 가능합니다. 영화와 드라마, 광고와 각종 방송 콘텐츠까지. 2022년 넷플릭스에 공개되었던 차량액션극 '서울 대작전'도 여기서 찍었다죠. 이미 누적 투자액이 1,000억 원이 넘었으니, 조만간 더 크고 더 압도적인 가상의 인프라, 가상현실의 미디어, LED 월을 볼 날도 멀지 않았겠지요. 김동언 대표는 말합니다. "누군가에게 메시지를 줄 수 있는 좋은 콘텐츠를 만들고 싶어요. 좋은 콘텐츠를 많이 만들어 메시지를 줄 수 있는 회사로 성장하면 좋겠습니다." 말은 이래도, 김 대표는 이미 알고 있는 겁니다. 브이에이코페레이션의 족적을 보면 그렇지 않나요? 가상 콘텐츠의 현실감은 미디어에서 나온다는 사실을. 미디어가 메시지라는 사실을요.

만일 무서운 배경이 틀어진 초대형 LED 월 한가운데 서 있다면 어떨까요? 이런 생각을 하니 끔찍합니다. 원래 공포영화는 안 보는데요. 그런데 그렇지 않습니까? 인간과 거리가 있는 괴물보다 인간 모습의 귀신이 더 무섭고, 때론 상상의 귀신보다 현실의 인간이 더 무섭지 않습니까? 원래 진정한 공포는 늘 있었고 아무렇지도 않았던 것에 내재되어 있는 법이잖아요. 그래야 공포가 리얼해지잖아요.

가상현실은 오래된 기술입니다. 앞으로도 갈 길이 많은 기술입니다. 대세 디스플레이 HMD의 한계를 극복해야 하고, 360도 홀로그램에 다가서야 하고, 신경과 결합하는 대체현실을 맞이해야 진정으로 가상이 현실이 됩니다. 그러나 지금은 아닙니다. 너무 멀리 내다보지 말고 현실감 있는 가상을 추구하세요. 메타버스의 유행, 브이에이코페레이션의 성장을 지켜보며 다시금 곱씹기를 바랍니다. 여러분이 원하는 가상현실 사업은 어디까지입니까? 너무 많이 나가지 않았나요? 대부분의 시장, 대다수의 사업이 그렇듯이 너무 앞서가지 말고, 한 발자국 남들보다 앞서가려 노력해야 합니다. 그래야 현실감, 리얼리티가 있겠죠.

• 11 •
부분 대신 전체

한번쯤은 궁금하지 않으세요? 우리 인간 같은 인공지능, 인간 수준의 상식과 임기응변이 가능한 인공지능이 언제 출현할지 말입니다. 어떤 이들은 빠르면 2040년 전후라고 확신하지만, 또 어떤 이들은 그런 날들은 절대 오지 않을 것이라 합니다. 어쨌든 컴퓨터가 인간을 따라 하기 쉽지 않다는 얘기죠.

여기서 인공지능이 넘어야 할 가장 큰 허들은 바로 '컨텍스트context'입니다. 텍스트가 아니라 컨텍스트입니다. 텍스트를 받아들이는 것은 어려운 일이 아닙니다. 그러나 단어와 단어의 맥락, 문장과 문장의 문맥을 이해하는 일은 인공지능에게 무척이나 어려운 일이지요. 최근 챗GPT의 성능에 감탄하는 것도 이 컨텍스트를 파악하는 데에 보인 진보가 이유입니다. 인간은 부분을 부분만으로 보지 않고 전체의 부분으로 부분을 봅니다. 전체에 위치한 부분의 컨텍스트로 부분을 이해하고 파악하고 있는 셈이죠. 그렇다면 어떻습니까? 여러분의 제품과 서비스는 어떨까요? 여러분의 고객들은 여러분의 제품과 서비스, 단지 그것들에만 집중하고 있을까요? 혹시 더 큰 전체로, 전체의 부분으로 그것들을 보고 있지는 않을까요?

전 세계적으로 가장 많이 알려진 초콜릿 브랜드는 허쉬입니다. 하지만 1980년대 초반까지는 아니었습니다. 스티븐 스필버그의 영화 'E.T.'가 1982년에 개봉합니다. 극 중 주인공인 남자 아이가 ET를 집까지 유인하려 초콜릿을 계속 떨어뜨려 놓는데, 그때 화면에 선명하게 부각된 초콜릿이 허쉬였죠. 이때부터 허쉬 초콜릿은 마트의 진열대에서 흔히 보는 초콜릿이 아닌 인간과 외계인의 훈훈한 연결고리로 자리 잡았습니다.

영화 개봉 1달 만에 허쉬 초콜릿 판매량은 65% 상승합니다. PPL 광고의 효시이자 초콜릿 산업 왕좌의 시작이라 할 수 있겠네요. PPL은 광고주의 상품을 소품으로 활용하여 간접적으로 광고하는 방식입니다. 영화나 드라마에 살포시 등장하는 작은 부분들이지만, 시청자는 놓치지 않습니다. 영화의 감흥이나 드라마의 재미에 연결되는 전체의 맥락에서 그 상품을 기억합니다. 드라마에서도 '응답하라 1988'의 롯데제과 과자들, '태양의 후예'의 현대차와 홍삼정, '미생'의 맥심커피와 더블에이 복사 용지 등등 사례는 부지기수입니다.

부분을 부분으로 보여주지 않고, 전체의 부분으로 보여주어 구매를 자극하는 방법은, 전체에서 주는 이미지와 전체와 어우러지는 컨텍스트를 강조하여, 소비자들이 훨씬 더 친숙하고 다양하게 제품의 용도를 확장하게 합니다. 따져보면 지천입니다. 영화배우나 연예인을 광고모델로 쓰는 것도, 꼭 유명인이 아니더라도 SNS에서 흔히 보는 일반인의 사진에 달라붙은 쇼핑태그들도, 모두 '부분 대신 전체'를 강조하는 마케팅이라 하겠죠.

전체가 주는 이미지와 분위기를 표방하며 급성장하고 있는 기업에 대해 알아볼까요? 버킷플레이스^{Bucketplace}입니다. 아, 어쩌면 이들이 제공하고 있는 서비스 '오늘의집' 하면 들어봤을지도 모르겠습니다. 버킷플레이스의 이승재 대표는 우연한 기회에 놀러 간 지인의 집에서 창업의 결정적인 경험을 하게 됩니다. 그 집은 평범한 오피스텔이었지만 몇몇 가구와 소품들의 이미지와 그들이 어우러지는 분위기로 흡사 외국 영화에 등장하는 집을 연상시켰다고 합니다.

그래서 창업 후 3년 동안 매출이 '0'인 상태에서 그러한 이미지와 분위기를 연출하는 콘텐츠를 확보하는 데만 주력합니다. '온라인 집들이'라 하는데요. 사람들이 꾸민 집과 방, 인테리어의 실제 사례들을 유저들이 맘껏 구경할 수 있게 하는 데 주력한 것이죠. 자, 이제 버킷플레이스가 공들여 확보한 고객들이 공유한 사례는 얼마나 많아졌을까요? 1,750만 개입니다. 앱 다운로드가 2,000만 회를 넘어섰다고 하는데, 2,000만 사례도 멀지 않았겠죠?

'오늘의집'에서 연출된 인테리어 사진에는 인테리어를 구성하는 상품과 그것의 가격이 먼저 튀어나와 있지 않습니다. 전체가 먼저인 거죠. 관심가는 아이템을 눌러야 그제서야 상세 정보가 나옵니다. 당연히 수익은 부분에서 얻습니다. 280만 개의 제품태그를 통해 4,000여 곳의 홈퍼니싱 브랜드와 연결되니까요. 또한 인테리어 시공 서비스와도 연결해줍니다. 이러한 비즈니스모델로 2019년 3월 150억, 2020년 3월에는 700억의 매출을 달성합니다. 2021년 1,176억, 2022년 1,864억의 매출입니다. 불과 5년 전에는 매출 '0'이었으니 말 다 했죠.

'오늘의집'을 들여다보고 있자면, 이케아가 생각납니다. 이케아에 가면 우리가 먼저 접하는 것은 부분이 아닙니다. 전체죠. 거실과 침실, 식당과 공부방. 그것들의 이미지를 보며 분위기를 느끼며, 마지막으로 창고에서 물건을 집어 듭니다. 이케아의 창업자 잉바르 캄프라드는 "누구나 집을 아늑하게 꾸밀 수 있어야 한다."라고 늘 힘주어 얘기했습니다. 이케아 성공법칙의 온라인 버전이라고 할 수 있는 '오늘의집'의 이승재 대표는 "누구나 꿈꾸는 인테리어를 많은 사람들에게 알려주고 싶다."라고 합니다. 어떠세요? 공통점이 느껴지지 않나요? 분명 부분보다는 전체를 목표로 했고, 부분보다는 전체로 승부한 것입니다.

　인공지능의 역사는 사실 컴퓨터의 역사입니다. 그렇다면 100년에 가까운 역사네요. 지금은 엄청난 관심과 어마어마한 기대를 한몸에 받고 있지만, 그간에 우여곡절이 많았습니다. 한동안 인공지능 연구자들이 사기꾼으로 몰린 적도 있었다니깐요. 앞서 언급한 컨텍스트 문제 등 여러 이유가 있겠지만, 아주 중요한 문제는 지나치게 전체보다 부분을 중시했기 때문이죠. 인공지능 연구자의 대다수는 과학자입니다. 그리고 현대 과학의 뿌리는 리덕셔니즘, 환원주의에서 찾을 수 있습니다. 큰 것들을 더 작은 것들로 잘게 쪼개어서 문제를 해결하는 사조이죠. 흔히 말하는 '분석'이라는 용어도 이런 뜻입니다.

　하지만 현재의 인공지능을 포함한 첨단 과학은 반대의 방향에서 난제를 해결할 길을 찾고 있습니다. 작은 것보다는 큰 것, 부분보다는 전체입니다. 혹시 여러분은 여러분의 제품과 서비스에만, 바로 그것에만 집중하고 계신건 아닌지요? 그것을 둘러싼 컨텍스트, 이미지와 분위기를 놓치고 있는 건 아닌지요. 정작 여러분의 고객은 그렇지 않은데 말이죠. 그렇다면

어떨까요. 텍스트보다는 컨텍스트, 부분보다는 전체로 승부
하는 룰을 고려해보면 어떨지요.

키플레이어는 누구

우리가 기억하는 역사상 가장 잔혹한 독재자는 아돌프 히틀러입니다. 전쟁을 일으키고, 또 독일의 점령지에서 약 1,100만 명의 민간인과 전쟁포로를 학살했지요. 그런데 가끔씩은 의구심이 듭니다. 독일이라는 나라, 독일인이라는 국민의 합리적인 성향을 생각해볼 때, 어떻게 히틀러를, 나치를 그토록 추종하게 되었을까요. 그 연유는 숨은 주역, 드러나지 않은 키플레이어에서 찾을 수 있습니다. 그는 파울 요제프 괴벨스입니다. 괴벨스의 영리한 선전 전략에 독일 국민은 선동되었고, 히틀러의 전쟁에 동조하고 나치의 학살에 방관하게 된 것입니다. 히틀러 자살 직후 잠깐이나마 통치권까지 물려받았던 괴벨스의 선동 방식은 지금도 홍보와 마케팅 전략에 활용되고 있다고 하니 씁쓸하지만 한번 생각쯤은 할 수 있겠죠.

국내 최고 인기 스포츠는 프로야구입니다. 그리고 야구의 꽃은 역시 투수죠. 야구는 투수놀음이라고 하잖아요. 야구의 승부, 구단의 전력을 좌우하는 키플레이어는 투수입니다. 하지만 꼭 그렇지만도 않은 것이, 지금까지 순수 국내파 선수 중 최대 FA 몸값을 받은 이는 투수가 아닙니다. 포수입니다. 투수를 리드하고, 때론 투수를 성장시킵니다. 상대 타자들을 파악하고 게임의 흐름까지 분석하는 포수는 진정한 야구의 키를 쥔 플레이어인 셈이죠. 기업에게 있어서 키플레이어는 뚜렷합니다. 기업 내에서는 최고경영자나 핵심인재겠지만, 기업의 가치사슬 전반을 보면 누구보다도 자사의 물건과 서비스를 구매하여 수익을 올려주는 고객이 키플레이어입니다. 그러니 경영과 사업의 모든 초점은 고객에게로 집중됩니다. 그런데 과연 시장을 공략하기 위해서 키플레이어는 단순히 고객만일까요? 드러나지 않은 또 다른 키플레이어는 없을까요? 두드러지지는 않으나 마치 포수처럼 우리의 경쟁력을 상승시킬 키플레이어는 또 누가 있을까요?

남양유업은 국내 분유 업계 선두주자 중 하나입니다. 남양
유업은 대형마트나 온라인 샵과 같은 직접적인 마켓의 키플레
이어를 공략하는 것과 동시에, 산부인과 병동이나 산후조리원
등에 모유 수유 영양분석 서비스를 제공합니다. 이를 통해 모
유와 가장 유사한 분유를 추천하는 것이죠. 결국 이를 활용하
는 산후조리사나 간호사를 통해 자연스레 제품이 홍보되겠지
요. 조제분유는 신생아가 처음 섭취한 제품을 바꾸기 쉽지 않
고, 지속적으로 구매하는 경향이 큰 것에 착안하여, 최초 선택
에 영향을 미치는 키플레이어들을 끌어들여 시장을 확대한 케
이스입니다.

RULE MAKER #12 클로버추얼패션

제품을 직접 구매하지는 않더라도 구매의 선택에 지속적인 영
향을 미치는 플레이어에 주목하여 독보적인 위치에 오른 기업
이 있습니다. 클로버추얼패션CLO Virtual Fashion을 소개합니다.
클로버추얼패션은 3D 의상제작 솔루션, '클로'를 개발한 회사
입니다. 클로는 2D 패턴을 3D 아바타로 구현하고, 원단의 텍

스처와 물리적 특성을 적용해 실제와 유사한 가상 의상으로 시뮬레이션할 수 있는 소프트웨어입니다.

클로버추얼패션은 패션업계에 아직은 생소한 3D 의상 제작 시스템을 정착시키기 위해 세계 유명 대학의 패션 관련 학과에 클로의 라이선스를 무상으로 제공하고 클로의 사용을 위한 강의가 개설되게 합니다. 지금은 파슨스 스쿨 오브 디자인을 비롯해 미국, 프랑스, 이탈리아, 스페인 등 20개국 140여 개 대학에서 클로의 강좌가 열리고 있다 합니다.

생각해보세요. 유명 패션스쿨의 학생과 교수들이 앞다투어 클로를 쓴다는 것은, 바로 그들이 일하게 될 직장, 클로의 진정한 고객이 클로를 쓰게 될 것이라는 얘기입니다. 그것도 지속적으로 쓰게 되겠지요. 원래 소프트웨어 솔루션이라는 것은 한 번 쓰면 계속 쓰게 되는 것이니까요. 현재 나이키, 아디다스, 휴고보스, 루이 비통, 띠어리, 디젤과 같은 세계적 패션업체뿐만 아니라 심지어 이케아 등의 가구업체들도 고객이라 하네요. 이들 회사에서는 클로의 사용 유무에 따라 디자이너 채용까지 영향을 미친다고 하니 더 할 말이 없습니다.

대신 클로버추얼패션의 부정혁 대표는 말합니다. "디자인은 디자이너의 의도대로 나와야 합니다. 디자이너의 의도를 3D로 만들 수 있다면 시간과 비용을 대폭 줄일 수 있습니다." 실제로 샘플 제작 기간이 평균 37일에서 27시간으로 줄어들었다는 보고가 있군요. 부정혁 대표는 원래 산업디자인 전공자입니다. 그래서 그런지 디자이너가 핵심이라는 사실을 잘 안 것 같습니다. 기업의 디자이너, 또 기업의 디자이너가 될 디자인 전공 학생, 이들이 키플레이어인 것을 알고 집요하게 공략한 것이 지금의 반석에 오른 계기죠. 참, 2013년 개봉한 겨울왕국 CG의 원천기술도 클로버추얼패션이 제공했다 합니다. 이 회사의 성장이 다방면으로 기대되는 대목입니다.

음울한 얘기로 다시 돌아가서 죄송하지만, 히틀러와 나치의 키플레이어인 괴벨스는 생각합니다. "어떻게 하면 독일 국민의 충성을 끌어내어 전장으로 내몰 수 있을까?" 키플레이어인 그가 선택한 방법에도 키플레이어가 있었습니다. 유대인이죠. 이 경우에는 잘해주어야 할 대상이 아닙니다. 모두의 공적으로 내몰아 비난의 대상으로 삼습니다. 독일 국민에게 공통된 증오의 감정을 갖게 하여 단합시킨 것이죠. 또 있습니다. 괴벨스는 일찍이 주목하여 라디오를 키플레이어로 삼습니다.

국가보조금을 사용하여 전 국민에게 라디오를 보급합니다. 라디오를 통해 단순하고 강렬한 메시지를 반복적으로 주입하는 선동전략을 쓴 것입니다. 오죽하면 깨어있는 독일인들은 라디오를 '괴벨스의 주둥이'라고 불렀을까요.

그러고 보니 키플레이어들이 참으로 다양하군요. 다양한 만큼 다양한 용도가 있을 겁니다. 나치 얘기는 잊어버리고, 여러분의 기업에, 여러분의 사업에 여러분이 미처 간과하고 있는 키플레이어가 없는지 생각해보기 바랍니다.

• 13 •

게임의 상대

혹시 게임 좋아하세요? 비디오 게임, 모바일이나 PC, 아니면 콘솔 게임기를 통해서 하는 게임 중 아무거나 말입니다. 도대체 게임은 왜 할까요? 설마 킬링 타임이라 하지는 않겠지요. 이 책을 읽는 분들이라면 시간을 쪼개 쓰는 바쁜 분들일 텐데요. 스트레스 해소라고요? 아닐걸요? 일상의 스트레스를 잊는 대신 또 다른 스트레스가 찾아옵니다. 게임에 집중할수록 게임 미션의 각 단계와 레벨을 넘나들며 엄청난 스트레스가 몰려옵니다.

그럼에도 게임의 스트레스에 스스로를 옭아매기까지 하며 중독에 이르는 이유는 바로, 인간의 뇌에 자리 잡은 '보상회로'를 건드리는 가장 손쉬운 방법이기 때문입니다. 사람은 누구나 보상회로가 자극을 받으면 쾌감을 느끼고, 이 쾌감을 주는 대상에게 강한 집착을 보입니다. 게임에서 레벨업하기 위해 미션을 클리어하고, 미션을 클리어 하기 위해 아이템을 획득하고, 이러한 세세한 보상들이 끊임없는 쾌감을 주는 거죠. 게임을 하기 위해 보상을 받는 건지, 보상을 받기 위해 게임을 하는 건지. 돌고 도는 중독의 나락으로 빠지는 것이지요. 게임의 목적, 게임을 하는 목적이 무엇인지 헛갈리면서요.

게임이론은 경제학, 수학, 그리고 제 전공인 산업공학에서 다루는 학문입니다. 물론 비디오 게임보다는 큰 개념의 게임이지요. 세상은 다른 사람과의 이해타산 상호작용으로 이루어져 있습니다. 상대의 반응을 고려한 최적의 의사결정으로 득실에 대한 자신의 기대치를 높이는 전략을 다룹니다. 당연히 비즈니스에서도 유효하겠죠? 좁게는 경쟁사, 넓게는 협력사와 고객도 게임의 상대입니다. 상대가 뚜렷한 만큼, 게임의 보상도 뚜렷합니다. 상대가 뚜렷하면 목적도 뚜렷하고요. 손익과 득실, 매출과 시장점유율, 그리고 경쟁우위. 이것들을 기준으로 게임의 목적은 결국 게임의 상대를 제압하는 것이니까요. 하여간 게임의 법칙이 명백한 비즈니스 현장입니다.

그런데 비디오 게임은 좀 다릅니다. 그들은 가상입니다. 게임의 상대가 있다고 해도, 그것이 군주, 선수부터 몬스터, 좀비까지로 모습을 갖추었다고 해도, 인공지능일 뿐입니다. 그럼에도 보상에 목을 맵니다. 그깟 아이템과 레벨업이 뭐라고, 현실의 이익과는 아무런 관련도 없는데, 손은 떨리고 눈은 충혈되며 목은 아프고 어깨는 저립니다. 시간과 에너지는 빼앗기고 '현질'도 하니 사실상 손해 보는 장사인데 말이죠.

이러한 인간의 보상회로 존재에 힘입어, 게임에 대한 관심은 다양한 분야로 뻗어나고 있습니다. '게이미피케이션' 아시죠? 게임이 아닌 영역에 게임적 사고와 게임기법을 도입하여 사용자의 몰입을 유도하는 방식입니다. 게임의 기능을 순화시키는 일련의 활용방안이라고도 볼 수 있고요. 그렇지만 아직이죠? 게임을 하는 것에 대해, 아직은 갸우뚱하죠? 어떠신가요?

그러나 이 회사는 '게임을 해야 한다'라고 합니다. 회사명이 머스트게임즈Mustgames, '해야 하는 게임'이거든요. 과연 해야 하는 게임은 무엇일까요? 이 스타트업 게임 개발사의 데스 밸리를 극복하게 해준 게임은 바로 '플랜트 월드'입니다. '플랜트 월드'를 플레이하면 이름에 걸맞게 공략해야 하는 세계 지도가 등장합니다. 그러나 여기에는 침략해야 하는 나라도, 물리쳐야 하는 군주도 없습니다. 당연히 없애야 할 몬스터, 좀비도 없습니다.

대신 나무를 심습니다. 무슨 소리냐고요? 일단 들어보세요. 이런 게임입니다. 산업 개발과 환경 보존은 인류가 동시에 풀어야 할 과제임을 엄숙히 전제하면서, 세계를 기후위기에서 벗어나게 해야 하는 게 미션이죠. 다 알고 있는 얘기지만, 개발에만 집중하면 탄소배출이 늘어나고, 온난화가 진행되어 해수면이 상승합니다. 결국 심각한 자연재해로 이어지는 연결고리를 끊어내야 하잖아요. 이에 대한 전략적 판단과 선택이 게임의 주요 관건입니다. 물론 나무도 심으면서요.

어떤가요? 재미없을 것 같다구요? 재미만의 문제는 아닙니다. 구글과 한국콘텐츠진흥원이 제작비를 지원하였으며, 산림청과 해외에 나무심기 사업도 하게 되었고, SKC와 합작법인 게임사도 만들게 되었으니 성공한 게임이죠. 빨간 피 튀기며 엄청난 다운로드 수에 아이템 팔아 어마어마한 수익을 챙기는 게임은 아니어도, 푸른 나무 심으며 알짜의 다운로드 수에 아이템 팔아 거룩한 공익을 챙기는 게임이니, '머스트 게임' 하라고 자부할 수 있겠지요? 실제로 고가의 멸종 위기 장미목 100그루를 캄보디아에 심는 등, 보상회로가 발동한 게이머들이 아이템으로 나무를 대량 구매해 미친 듯 심고 나간 사례도 많다 합니다.

강백주 대표는 말합니다. "게임의 중독성이 무조건 해롭진 않습니다. 좋은 쪽도 있다는 것을 알리려 게임업계도 노력해야 합니다." 머스트게임즈는 '플랜트 월드'에 이어 쓰레기 분리배출 게임인 '마이 그린 플레이스'를 출시했고, 멸종 위기 동물을 보호하는 게임도 출시예정이랍니다. 특히 게임이 일상화되어 있는 초등학생 학부모와 교사의 응원이 크다니, 우리 또한 응원해도 되겠죠?

정말 많은 분들이 마음에 새겨놓고 있는 단어가 '신독愼獨'입니다. 《대학》과 《중용》에 모두 나오는 문구죠. '홀로 있을 때에도 삼가라'는 말은 남들이 보지 않아도 도리를 지켜야 한다는 뜻입니다. 결국은 자신의 허튼 욕구와도 싸워 이겨야 한다는 뜻이겠죠. "세상에 싸울 게 얼마나 많은데 왜 하필 자기랑도 싸워?"라는 영화 대사도 있지만, 싸워야 하는 가장 어려운 상대는 자기 자신입니다.

게임의 목적이 무엇이든 간에, 그 목적을 이루기 위해 싸우는 상대가 누구이든 간에, 결국 게임의 상대는 자신입니다. 게임을 할지 안 할지, 어떤 게임을 할지, 게임을 계속할지 그만둘지, 게임에 빠지게 한 보상회로를 차단할지 말지, 모든 건 본인이 할 일입니다. 결국 싸워 이겨야 하는 상대는 자기 자신입니다.

그렇지 않습니까? 우리가 비즈니스에서, 관계에서, 게임이라 부를 수 있는 모든 일들에서, 정작 중요한 것은 자신의 마음가짐과 우리 조직의 마음다짐 아니겠습니까? 경쟁 기업과 경쟁자, 몬스터와 좀비, 이들을 극복하는 단초와 승리하는 단추는 우리 자신에게 있는 것 아니겠습니까? 어차피 '머스트 게임'해야 한다면, 지금 하고 있는 비즈니스, 아니 게임, 한번 더

게임의 진정한 목적이 무엇인지, 게임의 진정한 상대가 누구인지 곰곰이 생각해보면 어떨까요.

Part 3

다 찾아주는,
연결의 룰

14

구독의 구색

중국집에 가면 고민합니다. 짜장면 먹을까, 짬뽕 먹을까. 닭요리까지 시키면 고민은 더 깊어집니다. 깐풍기와 유린기 중에서 뭘 시킬까 하며 말입니다. 그런데 혹시 그러면서 그릇도 따져본 적 있으세요? 그릇 위에 얹힐 음식이 중요하지, 무슨 그릇이냐고요? 유달리 투박하고 소박한 중국집 그릇 가지고 고민은커녕, 아마 이렇다 저렇다 생각해본 적도 없을 겁니다. 뻔한 얘기 같지만, 그릇과 음식, 이 둘을 나누어 생각할 필요가 있습니다. 그릇이 있어야 음식을 먹을 수 있고, 그릇과 음식이 같이 있어야 제대로 먹을 수 있는 것은 맞습니다. 그러나 다양한 음식을 이것저것 맛보고 싶은 와중이라면, 그래서 고민하고 따질

때는 그릇은 그다지 중요하지 않습니다. 음식의 구색, 이것이 중요하고, 이 중요한 생각은 또 다른 발상으로 안내합니다.

구독경제가 빠르게 확산되고 있습니다. '일정 금액을 내고 고객이 원하는 상품을 기업이 주기적으로 제공하는 서비스 형태'라는 일반적인 정의가 있지만, 쉽게 말하자면 그릇보다는 음식에 집중하는 것입니다. 그런 방식으로 기업이 집중하여 개발하는 서비스이고, 그런 식으로 고객이 집중하여 이용하는 서비스입니다. 물을 마시기 위해 정수기를 구독하고, 마사지를 받기 위해 안마의자를 구독합니다. 원하는 것은 물과 마사지지, 정수기와 안마의자 자체가 아니지요. 그러니 그릇을 소유할 필요는 없습니다. 넷플릭스로 영화 보고 스포티파이로 음악을 듣습니다. 보고 들으면 되지 굳이 파일을 소유할 필요는 없지요. 물과 마사지, 영화와 음악, 즉 음식만 있으면 됩니다. 그릇은 소유하고 싶지 않습니다. 비싸기도 하고, 깨지면 책임도 져야 하니까요.

구독서비스를 제공하는 기업이 누리는 혜택은 크게 2가지입니다. 가장 큰 혜택은 고정 수요 확보죠. 기업의 모든 활동은 수요예측에서 시작되는데, 이 부분의 부담과 불확실성을 제거해주니 말해 뭐합니까. 또 하나는 고객을 일정 기간 묶는 바인딩이고요. 그렇다면 고객 입장은요? 앞서 얘기한 그릇에 대한 비용과 책임을 덜어내는 것입니다. 그런데 이렇게만 보면 약간 혜택의 무게추가 기업으로 기우는 것 같지 않나요? 공평하게 고객 입장에서 하나가 더 있어야 하지 않을까요? 그렇습니다. 추가되어야 할 것은 구독의 구색입니다. 제공되는 음식도 다양하고, 더 나아가서 서비스 방식도 다양한 구색 말입니다. 메뉴판에 짜장면과 짬뽕, 깐풍기와 유린기도 다양하고, 짜장면과 짬뽕 반반이나, 메인 먹기 전에 에피타이저로 깐풍기나 유린기 조금씩 서비스된다면 좋지 않을까요?

소유해왔던 그릇의 대표 격인 자동차에도 구독의 구색이 강조되고 있습니다. 현대기아자동차그룹은 '타고 이동하는 기능'이라는 음식에 집중하며 구색을 갖춘 구독서비스를 내놓았습니다. 렌터카 회사가 제공하는 리스나 장기렌트와는 다릅니다. 장기렌트와 다르게 약정기간이 없고, 선납금과 위약금도 없습니다. '현대 셀렉션'은 현대자동차의 다양한 라인업을 월 단위 구독료로 이용하게 해주고, 기아자동차의 '기아 플렉스'는 월 1회 구독한 차량 말고 새로운 차종도 72시간 경험하게 해줍니다. '모빌리티 애드-온'이라 하여 대리운전, 발렛 주차, 방문 세차, 킥보드 사용 연계 등 다양한 서비스 부가는 기본이고요. 진정한 플렉스의 경험이죠.

RULE MAKER #14 꾸까

이번엔 다양한 구독 구색의 정점을 보여주며 성장하는 기업, 꾸까Kukka를 소개해드리겠습니다. 꾸까는 꽃 정기구독 서비스입니다. 꽃은 원래 다양합니다. 다양한 꽃으로 다양한 조합이 가능한 상품이지요. 선천적으로 구색의 다양성이 존재합니다. 그러나 당연히 여기서 끝이 아닙니다. 꾸까의 홈페이지를 들어가 보면 다양한 구독의 방식이 쉽게 눈에 들어옵니다. 먼저 꽃다발 사이즈를 선택합니다. 마치 옷 사이즈처럼 이렇게 써 있군요. '가벼운 S', '딱좋은 M', '풍성한 L', '가득찬 XL'까지. 구독 기간도 여러 가지입니다. 기본적으로 2주 단위부터 몇 개월이지만, 맞춤형 주기도 물론 가능합니다. 아, 그리고 구독 요일도 선택할 수 있습니다.

그러나 꾸가의 구독 구색에는 더한 깊이가 있습니다. 참고로 꾸까는 핀란드어로 '꽃'이랍니다. 꾸까의 박춘화 대표는 회상합니다. "유럽에서는 꽃을 특별한 날 사는 선물이 아니라 일상의 한 부분입니다. 이른 아침 엄청나게 쌓여 있는 다양하고 신선한 꽃들이 저녁이 되면 다 빠져 있는 모습이 인상적이었죠. 그래서 아름답고 다채로운 꽃이 주는 행복한 경험을 정기적으로 배송해주는 서비스를 결심했습니다."

구독경제의 시작은 생필품이었습니다. 신문이나 생수, 전기나 인터넷과 같이 없으면 못사는 것들이니 구색의 비중은 낮을 수밖에 없습니다. 그런데 행복의 경험이라뇨. 다양한 종류, 다양한 색깔, 다양한 조합, 다양한 꽃꽂이와 다양한 사이즈, 주기, 요일이 주는 경험의 다양성, 행복의 다양성, 이들로 인한 구색의 폭은 더욱 넓어지고 속은 더욱 깊어집니다. 넓어지고 깊어지는 것은 또 있습니다. 고객층이죠. 4만 명의 구독자와 더불어 최근에는 삼성전자, 유한킴벌리, 하겐다즈 등 분야를 막론한 다양한 B2B 기업 고객군을 확장하고 있다 하네요.

인간에게 꽃은 특별합니다. 특별한 경험을 줍니다. 그래서 그런지 꽃에 대한 좋은 글귀가 특별히 많습니다. 평생을 원예 개량에 바친 루터 버뱅크는 "꽃은 항상 사람들을 더 좋게, 더 행복하게 만듭니다. 꽃은 사람을 위한 햇빛, 음식, 약입니다."
라고 강조합니다. 꽃은 인간에게 햇빛, 음식, 약입니다. 그릇
이 아닌 음식이랍니다. 정기적으로 구독해야 하는 생필품과
도 같답니다. 마치 꾸까를 위한 문구 같네요. 그렇다면 여러분
은요? 여러분을 위한 문구도 있습니다. 도종환의 시《한 송이
꽃》입니다. '이른 봄에 핀 한 송이 꽃은 하나의 물음표다. 당신
도 이렇게 피어 있느냐고 묻는' 여러분, 여러분 회사 상품의 그
릇은 무엇이고 음식은 무엇입니까? 그 음식은 얼마나 다양하
며, 또 제공하는 서비스 방식은 얼마나 다양한가요? 태생부터
다양하고 다채로운 꽃은 차치하고라도, 가장 무겁고 덩치 큰
일상품인 자동차도 이런데, 여러분 회사라고 구독서비스 하지
못할 이유가 무엇인가요? 이왕이면 구색도 갖추면서요. 아직
이른 봄이라고 말하지만 말고, 물음표로 끝나지만 말고, 당신
도 이렇게 피어보는 것은 어떨까요?

15

슬기로운 매칭 수익

출퇴근 길에 한두 번 본 게 아닙니다. 버스에 도배된 결혼정보 회사 광고 말입니다. 그런데 혹시 아세요? 가입비가 일반적으로 남성보다 여성이 더 비싸다는 것을요. 플랫폼 비즈니스 설명에서 종종 등장하는 나이트클럽의 사례와는 또 다릅니다. 나이트클럽의 입장료는 여성이 훨씬 저렴합니다. '여성 고객 8시 이후 무료', 이런 문구 본 적 있죠? 8시 이후에는 남성 고객이 훨씬 많은 모양입니다. 반면에 결혼정보회사에 등록된 가입자는 여성이 남성보다 많다고 합니다. 그것이 가입비를 차등 둔 이유겠지요.

매칭 비즈니스는 양쪽을 짝지어주고 연결해주며 수익을 창출합니다. 그렇지만 수익을 얻는 방식은 다양하죠. 이렇듯 매칭의 양편에게 차이를 두기도 하지만, 부동산 중개처럼 그렇지 않은 경우도 있고요. 매칭의 실제 성사 여부와 관계없이 과금하기도 하지만, 역시 부동산 중개처럼 성사되어야 비용을 내기도 하는 등 실로 방식은 천차만별입니다. 어찌하면 슬기롭게 매칭으로 비즈니스할지가 관건입니다.

이성 간의 매칭이나, 부동산 중개 같은 비즈니스는 역사와 전통을 자랑합니다. 그러나 근자에 대세가 된 플랫폼 비즈니스로 이들이 편입되면서 그 확장성과 응용성은 증폭되고 있습니다. 매칭, 그리고 플랫폼 비즈니스의 수익구조를 설명하는 개념으로 '양면 시장(two-sided market)'이라는 게 있는데요. 대개 우리가 알고 있는 비즈니스는 한쪽이 팔면 한쪽이 사는 단방향의 단면 시장입니다. 이에 비해 매칭과 같은 플랫폼 비즈니스는 양면, 더 나아가서는 다면의 고객에게서 수익을 끌어낼 수 있다는 얘기죠.

수익이나 수익원이야 당연히 다다익선입니다. 그러나 다방면 다수의 수익구조를 갖는 것은 말처럼 쉽지 않습니다. 포털의 경우 주 수익원인 광고비를 받으려면 많은 이들이 방문해야 하니 입장료나 가입비는 잊어야 합니다. 반대로 이들을 책정하면 방문객이 작아지니 광고수익은 한계가 있겠죠. 또 온라인 숍에서 거래 수수료 챙기는 데 주력하려면 다른 수익원에서 한몫하는 것은 포기해야 합니다. 부동산 중개업처럼요. 그렇다고 다다익선 매칭수익을 아예 포기하라는 말은 절대 아닙니다. 멜론의 수익구조를 보면 알게 됩니다.

우리가 멜론에 결제하는 액수 중 어느 정도가 가수에게 돌아가는지 궁금하지 않으세요? 6%입니다. 관련 협회에 내는 비용을 차감하면 사실상 4.8%이고요. 작사작곡자에게 10%, 음반기획제작사에게 49% 정도이고 멜론이 대략 35% 가져간다고 보면 됩니다. 가수 몫의 7배가 넘습니다. 회원들이 내는 월정액 수익이 다가 아닙니다. 멜론은 멜론차트, 멜론DJ, 멜론TV, 멜론뮤직어워드까지 운영합니다. 음원시장에 막강한 영향력을 행사하는 거죠. 그로 인해 가수와 음반제작사로부터 홍보광고비를 받습니다. 이것도 모자라 음원시장 빅데이터를 이용하여 제작사에게 받는 분석비용도 짭짤합니다. 진정 다방면 수익구조이죠.

RULE MAKER #15 클래스101

멜론과 같이 다방면의 슬기로운 수익구조를 지향하여 순항하는 사이트 하나 알려드리겠습니다. 이름하여 '클래스101'입니다. 클래스101은 온라인으로 원하는 강좌를 수강할 수 있는 서비스입니다만, 일방적으로 개설된 강좌를 수강하는 흔한 교육 사이트가 아닙니다. 크리에이터라 부르는 강의 콘텐츠 창작자와 강의 콘텐츠 수강자를 연결해주는 매칭 비즈니스로, 양면 시장을 구가하고 있습니다. 전문 강사가 아니더라도 일반인이 크리에이터가 되어 각자 자신 있는 분야의 강좌 개설을 신청합니다. 이를테면 인물화 그리기, 일러스트레이션, 가죽공예, 종이공예, 나만의 향수 만들기, 디저트 만들기, 사진 촬영 같은 것들입니다. 그러면 개설 계획 내용을 보고 클래스101에 가입한 회원들이 관심을 보이게 합니다. 일정 수 이상의 회원이 응원하게 되면 강좌 개설이 확정되고요. 진정한 양면 매칭 교육사이트인 셈이죠.

자, 이제 수익구조를 볼까요? 먼저 클래스101의 회원들이 내는 수강료입니다. 강의 콘텐츠를 만드는 크리에이터와 수강료를 보통 5:5로 나눈다고 하는군요. 물론 또 있습니다. 아마추어 크리에이터를 전문 영상제작파트너와 연결해주니 여기서도 수익이 가능합니다. 그리고 또 이것이 있는데요. 다른 매칭 비즈니스에서 찾기 어려운 이것은 바로 준비물 수수료입니다. 아시죠? 앞에 나열한 것들과 같은 강좌에서는 각종 준비물이 필요합니다. 수강료를 쉽사리 넘어서는 준비물 대금. 준비물 판매업체로부터 판매수수료까지 받습니다. 실로 슬기로운 매칭수익이죠. 이러한 슬기로움에 힘입어 2021년 매출액은 866억 원에 이르게 됩니다. 그러나 2022년 매출액이 656억 원으로 둔화되면서, 매칭수익에서 보여준 슬기로움을 다른 사업 운영 부분까지 확산하고 있지 못하다는 평을 듣고 있습니다.

암튼 서비스와 동명 이름 회사의 고지연 대표는 그 이름에 대하여 이렇게 설명합니다. "클래스101은 대학의 개론 수업을 뜻하는 101에서 따온 이름이에요. 클래스는 배움, 그러니 배움의 시작이라는 뜻이 되죠." 그렇지만 정작 대학교수인 저에게는 101이 시작이나 개론으로 와닿지는 않는군요. 그저 그들의 화려한 출범을 가능하게 했던, 많은 수, 많은 수익, 많은 수익원, 다다익선 수익구조로 느껴집니다.

결혼정보업에서는 이런 문구가 통용된다고 합니다. '연애는 여성우위, 결혼은 남성우위'라고 앞서 말씀드린 바와 같이, 연애 매칭 비즈니스는 여성 우대, 결혼 매칭 비즈니스는 남성 우대란 의미겠죠. 그렇습니다. 매칭 비즈니스는 플랫폼 비즈니스의 대표적인 추세이긴 합니다만, 수익에 관한 룰을 세팅할 때는 고려해야 할 것이 많습니다. 매칭의 대상, 대상의 상황, 상황의 변화. 이들을 모두 고려하여 최대한 다방면의 수익을 창출하는 구조를 만들어내야 합니다. 여러분, 저는 비즈니스를 '이해관계자의 이해관계'라고도 정의합니다. 초연결사회에서 이해관계자는 더욱 다양해졌고, 플랫폼 경제에서 이해관계는 더욱 복잡해졌습니다. 아무쪼록 슬기롭게 이해관계자를 연결하고 이해관계를 매칭하는 룰을 만들길 바랍니다.

16

가능하면 넓고 깊게

우리에게 여행이란 무엇일까요? 많은 사람들이 죽기 전에 여행을 많이 하지 않은 걸 후회한다고 합니다. 마찬가지로 버킷리스트에 여행이 꼭 들어가는 건, 아마도 우리네 인생 여정 자체가 여행이라 그런가 봅니다. 좀 무거웠나요? 그렇다면요. 여행을 갈 때 패키지여행을 선호하나요? 자유여행을 선호하나요? 알아서 척척 하자는 대로 하라는 대로 몸을 움직이면서 마음 편한 패키지여행과 하고 싶은 대로 가고 싶은 대로 몸을 움직이면서 마음 충만한 자유여행, 어느 쪽인가요? 패키지여행에서는 프로그램화된 유명 스팟을 두루 다닙니다. 넓고 얇은 체험 여행으론 딱이죠. 한편 자유여행은 자신만의 핫스팟에 심취

할 수 있습니다. 좁고 깊은 거죠. 어떠세요? 넓고 얕게 혹은 좁고 깊게, 어느 쪽의 취향인가요? 아, 저는 둘 다입니다. 넓고 얕은 것, 좁고 깊은 것 둘 다 저마다의 매력이 있죠. 정확히는 각각 추구해야 할 때가 따로 있습니다. 사업도 그렇습니다.

여행에 대해, 잠시 우리나라 사람들이 유독 좋아하는 두 작가의 얘기를 들어보겠습니다. 알랭 드 보통은 《여행의 기술》에서 말합니다. "여행할 장소에 대한 조언은 어디에나 널려 있지만, 우리가 가야 하는 이유와 가는 방법에 대한 이야기는 듣기 힘들다." 목적지보다는 여행의 과정과 의미에 대해 더 생각하자는 말이겠죠. 무라카미 하루키도 《하루키의 여행법》에서 이렇게 강조하고 있네요. "여행의 행위가 본질적으로 여행자에게 의식 변화를 가져오는 것이라면, 여행의 움직임 자체에 더욱 집중해야 한다." 그러고 보니 여행에 있어 가장 설레는 순간은, 막상 여행 목적지에서보다는 여행 목적지까지의 과정과 움직임을 준비하는 시간인 것 같군요.

그런데 이 즐거워야 할 순간이 고통스럽다면 어떨까요. 여행의 일정을 계획하고 여정을 짜는 데에 평균 10시간이 소요된다는 얘기가 있습니다. 10시간은 설렘이 짜증으로 바뀌기에 충분한 시간이죠. 이건 컴퓨터에게도 쉽지 않은 문제입니다. 여행 일정을 짜는 것은 TSP라 부르는 트래블링 세일즈맨 프로블럼**Traveling Salesman Problem**인데, 영업사원이 여러 장소를 모두 그리고 딱 1번씩 돌아야 할 때 최단경로를 구하는 문제입니다. 얼핏 들으면 어렵지 않아 보이나요? 아닙니다. 방문해야 할 장소가 조금만 많아져도 최적화 답안이 보장되지 않는 수리계획법상 매우 어려운 문제에 해당합니다. 우리가 가려는 장소가 조금만 많아져도 일정짜기가 만만치 않은 이유입니다.

RULE MAKER #16 마이로와 레드빅

어차피 오늘은 여행으로 시작했으니, 서로 다른 방향으로 성장하는 여행 스타트업 2개를 소개할게요. 첫 번째 마이로**MYRO**는 AI여행 스케줄링 플래너인데, 여행 일정을 AI가 짜주는 서비스입니다. 앱에서 가고 싶은 장소를 선택하면 자동으로 일정을 생성해줍니다. 이때 관건은 이동시간은 물론 장소의 영업시간, 숙소의 귀가시간, 공항의 대기시간 등을 고려해 최적의 경로를 결정하는 거겠죠? 마이로의 알고리즘은 70여 개의 스텝으로 이루어졌다 하니, 아마도 TSP와 같은 고성능 고부하 최적화보다는 가설과 휴리스틱을 활용한 실용적 알고리즘이라 판단됩니다. 어차피 드넓은 여행 장소 곳곳을 돌아다니는 기초 일정, 얕은 정보로 쓰임이 있을 테니 그 정도면 충분하리라 봅니다.

두 번째 스타트업 레드빅REDBIK에서는 AI가 주인공이 아닙니다. 레드빅의 앱, 트래벗TRAVUT을 열면 실제 사람들의 프로필이 등장합니다. 트래블의 벗, 사람 가이드입니다. 운전기사도 있고요. 이들과 매칭서비스를 해줍니다. 사람을 전면에 내세운 트래벗은 스페셜하고 감성적입니다. 한국 특유의 술집을 가고 싶다는 여행자에겐 포장마차를 안내해주고, 스토리가 있는 한국 산에 등산하고 싶은 여행자에겐 아차산을 안내하고, 이후 찜질방 체험도 하게 해줍니다. 아, DMZ투어를 요청한 캐나다 가족이 있었답니다. 그런데 DMZ를 방문한 당일 UN이 사전통보 없이 DMZ를 폐쇄하여 난감하던 차에, 급히 자녀들을 위해 인근의 눈썰매장을 수소문하여 행복한 시간을 보내게 했다는군요. 사우디아라비아 여행객이 도자기 체험한 완성물을 출국 후 가이드가 챙겨 따로 보내줘 감동을 선사한 에피소드도 있습니다. 정말 좁고 깊은 추억이죠.

당연하게도 넓고 얕은 마이로 서비스는 국내 여행자의 해외여행에 특화되어 있습니다. 아웃바운드 여행이죠. 반대로 좁고 깊은 트래벗 서비스는 인바운드 여행, 해외 여행자의 국내여행이 적합하겠죠. 각자의 영역에 맞게, 각자의 방향에 맞게, 상반된 두 회사 모두 씩씩하게 성장하고 있습니다.

세상에는 넓고 얕게 혹은 좁고 깊게, 어느 한쪽으로 가야 할 것들이 많습니다. 비단 패키지여행이냐 자유여행이냐 하는 문제만은 아니죠. 넓고 깊으면 좋으련만 그렇게 만만치 않습니다. 그렇지만 사업은 어쩔 수가 없는 모양입니다. 좁고 얕은 비즈니스가 존재하기 어려운 딱 그만큼 성공을 위해 넓고 깊은 비즈니스를 추구해야 하는 모양새입니다.

마이로는 개인화된 여행 상품 추천시스템을 준비 중이고, 트래벗은 태국 등 동남아시아 서비스를 준비 중이랍니다. 넓은 마이로는 깊게, 깊은 트래벗은 넓게를 지향하고 있는 셈이죠. 그러고 보니 그렇습니다. 마이로는 자유여행자를 위한 서비스이지만, 마이로 서비스의 산출물은 패키지여행과 유사합니다. 반대로 트래벗은 가이드가 있으니 패키지여행처럼 보이지만, 제공하는 서비스는 자유도 높은 자유여행이네요. 이미 넓고 깊은 요소를 넘나들고 있습니다. 출발점은 다르지만요.

어쩌면 우리가 답할 질문은 AI냐 사람이냐가 아닙니다. AI의 넓고 얕은 빅데이터냐 사람의 좁고 깊은 스몰놀리지냐도 아닌 것 같습니다. 치열한 비즈니스 현장의 질문으론 맞지 않습니다. 아시죠? 시장과 고객은 그리 관대하지 않다는 것을요. 할 수만 있다면, 가능하면 빅데이터와 스몰놀리지, AI와 사람, 넓게와 깊게, 이 모든 것을 함께 추구해야 하지 않겠습니까. 이들의 조화와 비율, 순서와 비중만이 중요할 뿐입니다. 비즈니스도 하나의 여정이라면, 어차피 여행처럼 생각해야 하지 않을까요?

• 17 •

신뢰의 적정수준

한 번 사는 인생이다 보니 죽기 전에 해야 할 일이 적지 않습니다. 자발적으로 공들여 작성하는 버킷리스트도 있지만, 남들이 자꾸 얘기하고 강요하는 리스트도 많습니다. 죽기 전에 가봐야 할 명소와 휴양지, 죽기 전에 봐야 할 영화, 죽기 전에 들어야 할 음악, 죽기 전에 읽어야 할 책, 심지어 죽기 전에 해야 할 게임 리스트도 있더군요. 뭔가 빠진 게 있다고요? 물론이죠. 죽기 전에 먹어야 할 음식, 그런 음식을 만드는 식당. 이런 걸 빼놓을 수는 없죠. 미슐랭 가이드의 별 3개를 받은 식당이 그런 곳이라 합니다. '죽는다'라는 표현을 쓰지 않는 미슐랭 측의 설명은 오직 그 식당의 음식을 맛보기 위해 그 나라로 여행 갈 가치가 있는 곳이고요. 그런데 여러분 동의하십니까? 제아무리 미슐랭이라 하더라도 그들의 평가를 꼭 신뢰할 수 있을까요? 별 한두 개라도 받으려 애쓰는 셰프의 장인정신을 폄하할 생각은 없습니다만, 그 노력의 대가로, 꼭 비행기를 안 타더라도, 우리에게 책정된 비용의 가성비를 항상 동의하고 있습니까? 어떠세요?

기업은 고객에게 제품과 서비스를 판매하고 있지만, 다른 각도로 얘기하면 신뢰를 파는 것입니다. 제품과 서비스에 대한 신뢰, 제품과 서비스를 제공하는 기업에 대한 신뢰죠. 우리는 그에 대한 기대치를 갖고 제품과 서비스를 구매합니다. 독일의 사회학자 니클라스 루만은 '신뢰는 기대치에 대한 확신'이라 단언했다지요. 그래서 기업은 노력합니다. 고품질의 제품과 차별화된 서비스로 신뢰를 얻으려 백방으로 노력합니다. 그들의 노력을 알리려 전전긍긍합니다. 그러다 알게 되죠. 자신의 입으로 알리는 것보다 남의 입으로 알려지는 것이 더 효과가 있다는 것을. 연결과 공유의 시대에서 고객과 시장은, 제3자의 평가에 민감하다는 것을. 그것들을 통해서 신뢰가 형성된다는 사실을요.

제3자를 통한 신뢰 확보에는 여러 방법이 있습니다. 각종 시상사업과 인증절차에 참여합니다. 마치 남들이 하는 얘기인 척하며 광고합니다. 인플루언서를 고용하고 댓글부대를 동원합니다. 그리곤 고민합니다. 대체 어느 수준으로 해야 할까? 미슐랭의 별을 받을 만큼 엄청난 비용을 지불해야 할까? 아니면 '노가다 댓글' 쯤으로 소소하게 해야 할까? 도대체 어느 정도의 비용으로 어느 수준의 신뢰를 형성해야 할까? '전문 제 3자'로 가자니 비용수준이 과다하고, '일반 제3자'로 가자니 신뢰수준이 과소하니, 어떻게 해야 할지 고민됩니다. 과연 어느 수준으로 해야 할까요?

RULE MAKER #17　원티드랩

신뢰의 적정수준에 주목하여 성장 스토리를 쓰고 있는 좋은 기업 하나 소개하겠습니다. 실제로 이 회사의 비즈니스 모델은 '좋은 사람 있으면 소개시켜 줘'였습니다. 원티드랩Wanted Lab입니다. 원티드랩은 구직자와 구인기업을 매칭시켜주는 채용서비스를 하는 기업입니다. 그러나 흔하게 생각하는 매칭사이트가 아닙니다. 많은 구직자의 빼곡한 이력서를 다 검토하기 어렵습니다. 많은 구인기업의 빡빡한 직무역량을 다 고려하기도 어렵습니다. 구직자의 이력서와 구인기업의 직무역량이 난무하는 포털 아닌 포털에서는 그저 여기저기 질러보고 쑤셔보는 수밖에 없습니다. 아무 기대 없이 말이죠. 그렇다고 일일이 만나볼 수도, 일일이 찾아가 볼 수도 없으니 상대에 대한 신뢰는 바닥입니다.

원티드랩은 이 기대치와 신뢰수준을 적절히 끌어올리는 서비스를 출시합니다. 바로 '좋은 사람 소개해 달라'는 '지인 추천 서비스'입니다. 보통 주변의 소개로 쓸 만한 일자리를, 또는 괜찮은 사람을 얻기도 하는 것에 착안하여, 추천인들을 모으기 시작합니다. 추천인이 있다면, 구직자와 구인기업을 모두 알고 있으니 채용 확률이 높아지겠죠. 특정 영역에 국한하여 추천정보의 신뢰수준을 높이고, 추천인에게 보상도 주며 '지인 추천 서비스'에 매진합니다.

그러다 본격적인 신뢰의 방편을 표방하기 시작합니다. 사업이 커가고 사람과 기업이 모일수록 인간 추천인의 모집에는 한계가 있지 않겠습니까. 이제는 AI 매칭 시스템으로 채용 성사율을 계산해줍니다. 원티드랩은 설립된 2015년부터 5년 동안 AI 채용 매칭을 목표로, 꾸준히 채용의 전 과정에 대한 데이터를 쌓았다 합니다. 대개 '신뢰를 쌓는다'고 하죠? 데이터와 신뢰는 천생연분인가 봅니다. 암튼 이 인간이 아닌 추천인의 등판으로 '지인 추천 서비스'의 물리적 한계는 극복되고, 창업 6년 만에 성공적으로 코스닥에 상장합니다. 초기에는 고비용의 '전문 제3자'나 저신뢰의 '일반 제3자'가 아닌 '지인 제3자'를 통해서, 지금은 '전문 제3자'나 결국 저비용이 된 '인공지능 제3자'를 통해서 신뢰의 적정수준을 구가한 덕분이지요.

산업사회에서 인간이 주로 신뢰를 의지했던 대상은 관료와 전문가였습니다. 일부이긴 하지만, 그들의 무능과 비행을 목격하면서 신뢰의 원천이 변해갑니다. 인터넷의 열풍으로 집단지성이 그 자리를 꿰차는 듯하다가, 이 또한 무지와 편향의 실망감으로 신뢰의 왕좌에서 물러나고 있습니다. 이제 그 자리는 기술과 시스템이 차지하고 있는 듯 보입니다. 기술이 주도하는 사회니까요. 우리는 정확하고 명료한, 편견 없고 사심 없는 인공지능과 로봇, 빅데이터와 블록체인 등을 더 신뢰하는 것 같습니다. 기술로 인간과 관계의 불확실성을 해소하려 하니까요. 알리바바가 뉴욕거래소에 상장하던 날, 마윈은 인터뷰에서 1분 동안 '신뢰'라는 단어를 무려 8번이나 반복해 사용합니다. 요점은 '새로운 기술을 신뢰하세요'였습니다.

이복기 원티드랩 대표는 "우리는 가장 효율적이고 인간적인 채용서비스 방법이라는 문제를 풀고자 합니다."라는 말을 한 적이 있습니다. 초기의 인간 추천인에 의한 서비스는 쉽게 이해되지만, 지금의 인공지능 서비스에 대해서는 생각이 많아지네요. 여러분, 생각해보길 바랍니다. 여러분의 회사, 여러분 회사의 제품과 서비스는 어떻게 신뢰를 득하고 있습니까? 제 3자의 평가가 주요한 수단이라면, 지불해야 할 비용과 취득해야 할 신뢰의 적정수준은 얼마입니까? 아울러, 인간적인 수단과 비인간적인 수단의 적정수준은 각각 얼마까지입니까? 그것도 생각해보길 바랍니다.

18

커머스냐 커뮤니티냐

당신은 부와 권력 중에 무엇을 택하겠습니까? 어쩌면 쉬울 수도 있습니다. 권력을 정치인이나 공직자들의 전유물로 생각한다면, 좀 멀게 느껴질 테니까요. 그렇다면 답하기 전에 영국의 철학자 토머스 홉스의 얘기를 들어볼까요. "권력은 선善이라 여겨지는 미래의 어떤 것을 획득하기 위하여 인간이 현재 가지고 있는 방법이다." 어떻습니까. 아직 잘 모르겠다고요? 좋습니다. 그렇다면 권력에 대한 20세기 최고의 학자라 일컬어지는 막스 베버를 동원하겠습니다. '특정한 사회적 관계 속에서 자신을 관철하는 모든 기회'가 그의 정의입니다. 권력은 우리 모두의 얘기입니다. 그렇지 않습니까? 여러분의 모든 관계마다 권력은 존재합니다. 여러분이 중요시하는 모든 관계에서 여러분의 생각과 입장을 관철하는 기회가 권력입니다.

이제 다시 물어보겠습니다. 여러분은 둘 중 무엇을 택하겠습니까? 현문우답일지 모르지만, 정답은 둘 다입니다. 작고한 김영삼 전 대통령은 "부와 권력을 모두 가지려 하지 마라."라고 했지만요. 알죠? 부가 있으면 권력이 생기고, 권력이 있으면 부가 멀지 않다는 것을요. 비즈니스 환경에서는 더욱 명백한 진실입니다. 단지 어느 쪽을 먼저 표방하느냐의 문제이죠. 그렇지 않나요?

비즈니스, 특히 인터넷 기반 신사업 분야의 주 수익모델은 거래 수수료와 광고 게재료입니다. 이것을 커머스 기반 수익과 커뮤니티 기반 수익이라 하는데, 커머스와 커뮤니티는 신사업을 고민하는 이들에게 무엇을 우선할지 고민의 대상이 되는 것들입니다. 마치 부와 권력처럼요. 역시 마치 부와 권력처럼, 하나를 먼저 띄우면 다른 하나까지 활성화되는 특성도 있고요. 그런데 심지어 둘의 고유의 속성 자체가 바로 부와 권력입니다. 당장의 수수료를 챙기는 커머스가 부에 해당한다면, 관계의 밀착도를 상징하는 커뮤니티는 권력에 빗댈 수가 있겠죠. 암튼 여러분은 커머스와 커뮤니티, 무엇에 우선순위를 두겠습니까?

요새 잘나가는 특정 사업영역에는 답이 보이는 것 같습니다. 하이퍼로컬hyperlocal 비즈니스라고 하죠. 아주 좁은 지역으로 한정하여 그에 적합한 서비스를 제공하는 비즈니스입니다. 슬리퍼 신고 나갈 수 있는 범위의 상권을 대상으로 하는 비즈니스, 속된 말로 '슬세권'이라고도 합니다. 슬리퍼로는 아니었지만, 하이퍼로컬 비즈니스의 원조 격은 2008년 출범한 미국의 넥스트도어Next door입니다. 미국은 거주지 분산도가 한국보다 크기 때문에, 의외로 동네나 이웃의 개념이 한국보다 매우 좁습니다. 그만큼 커뮤니티의 밀착도가 강할 수 있겠죠. 그에 착안하여, 이웃 간의 의사소통 독려와 온라인 반상회, 중고물품 판매까지 기능을 확장한 서비스입니다. 특히 코로나로 인한 지역봉쇄로 고립된 지역주민 간의 정보공유와 생필품 교환으로 주가를 드높이며, 전 세계 8개국의 약 27만 개 동네 공동체를 지원하는 대표 커뮤니티 비즈니스로 자리매김했습니다. 그럼 현재 우리나라의 대표 슬세권이자 하이퍼로컬 비즈니스는 무엇일까요? 당근 쉽게 답이 떠오르죠? 당근마켓입니다.

RULE MAKER #18 당근마켓

김용환 당근마켓 대표는 카카오 재직시절 사내게시판에서 직원 간 중고 거래가 활발히 이루어지는 것을 보았습니다. 특히 본인의 중고 물건이 팔렸는지 하루에도 열댓 번씩 게시판을 확인하는 직원들을 보면서 사업 가능성을 보았다고 합니다. 따져보면 중고 가격이라는 게 한계가 있는데, 자신이 내건 행위를 '관철하는 기회'에 대한 사람들의 지속적인 집착을 눈여겨본 게 아닌가 싶습니다. 그는 말합니다. "모바일 앱이 살아남으려면 제일 중요한 것은 사용자들의 방문빈도를 무조건 높여야 합니다." 설령 동네로 국한해도 말이죠. 이후 카카오 직원들만 이웃으로 참여했던 장터가 판교로 확장됩니다. 당근마켓의 전신인 '판교장터'죠. 지금은 '최대 반경 6km'로 분할된 전국의 동네를 커버하면서 월간 이용자 수 1,800만을 돌파했습니다. 하루에도 몇 번씩 들여다보는 전국 각지의 동네 이웃들 덕분이죠.

그런데 여러분, 당근마켓의 수익원은 광고입니다. 중고거래의 수수료가 아닙니다. 비록 중고거래로 시작했지만, 당근마켓이 선택한 지향점은 커머스가 아니고 커뮤니티인 셈이죠. 실제로 당근마켓에는 '동네에 산책하기 좋은 공원 없나요?', 'ㅇㅇ일 같이 저녁 먹을 사람 구합니다' 같은 글들이 올라오고, 심지어 '동네생활' 메뉴에 등장한 불우 소년 형제 치킨 기부 캠페인에 한 방송프로그램 제작진이 직접 요청하여 참여하기도 합니다. 단순 물품 거래뿐만 아니라 지역정보 공유에 이어 주민 간의 만남, 모임 생성, 운동, 일자리 제안 등 동네 사람들의 다양한 커뮤니티 지원서비스로 진화한 거죠. 이것이 기존의 '중고나라' 같은 커머스 플랫폼과의 차별점이고, 커머스를 뛰어넘는 동네생활 커뮤니티 서비스로 고객들을 유인한 성공요인입니다. 그저 방문이 아니고 생활 자체이니 사용자 수와 체류 시간의 폭발적인 증가는 당연하다고 하겠죠.

오래전 김영삼 전 대통령이 외친 넓디넓은 '세계화'가 실시간으로 도달하는 사이버 세상에서 더욱 날개 달 줄 알았더니, 이제는 좁디좁은 하이퍼로컬 동네 비즈니스가 뜨고 있습니다. 물리적 세상과 사이버 세상의 묘한 하모니와 앙상블이 울려 퍼지는 것 같습니다. 마치 커머스와 커뮤니티, 부와 권력, 그들의 상호작용처럼 말입니다.

권력 이론에 나오는 흥미로운 얘기가 있습니다. 상대를 강압하는 권력은 강력한 권력이 아닙니다. 가장 강력한 권력은 상대의 내면에 당연시되어 있는 권력입니다. 당신이 원하는 것, 관철하고자 하는 것을 상대가 자발적으로 하고 있다면, 당신은 상대에 대해 가장 강력한 권력을 쥐고 있는 것입니다. 당근마켓의 경영철학은 '자율과 책임'이랍니다. 자발적으로 방문하고 체류하는 고객뿐 아니라, 자율적으로 책임지는 직원들에게도 강력한 권력을 확보하려는 모양이죠. 이러나저러나 하이퍼로컬의 비즈니스 룰을 잘 설정했네요.

19

흔하지만 흔하지 않게

외국인과 고깃집에서 식사해본 적 있으세요? 한국에 익숙하지 않은 그들이 고깃집에서 가장 많이 물어보는 질문 3가지는 이것이랍니다. "김치는 안 시켰는데, 공짜예요?", "가위를 이렇게 자주 사용하나요?", 그리고 마지막은 "고기 먹었는데, 왜 밥을 또 먹나요?" 외국인들이 한국에 처음 와서 적응하는 과정을 보여주는 프로그램도 인기입니다. 그들은 낯선 것을 익히려 하지만, 우리는 반대로 생각해보게 됩니다. 우리에게 너무나도 익숙한 것들이 남에게는 낯설 수 있구나, 고기도 식사고, 밥이나 국수도 한 끼 식사인데, 마치 두 끼의 식사를 하는 것처럼 보일 수도 있겠구나, 익숙한 것도 한 번씩은 낯설게 볼 필요가 있겠구나 하는 그런 생각 말입니다. 그렇다고 익숙한 것을 포기하자는 건 아닙니다. 낯선 것이 새로운 것이라면, 익숙한 것은 편한 것입니다. 우리의 욕심쟁이 고객은 둘 다 원합니다. 그렇다면 편하고도 새로운 것. 익숙하지만 낯선 것. 흔하지만 흔하지 않은 것. 어떻게 하면 이런 것을 추구할 수 있을까가 관건입니다.

익숙한 것과 낯선 것의 가치가 공존하는 대표적인 분야는 패션입니다. 바지가 달라붙다가 헐렁해지고, 짧다가 또 길어집니다. 익숙할 만하면 낯선 패션이 다시 등장합니다. 지금은 익숙한 패션도 이전에는 낯설었고, 낯선 패션도 이후에는 익숙해집니다. 그래서 패션과 트렌드에 민감한 상품을 내세우는 기업은 고민합니다. 과연 익숙함과 낯섦, 또는 편함과 새로움 사이의 어느 위치에서 포지셔닝을 할지 말이죠. 흔해서 익숙하면 편하고 안정적이고, 흔하지 않아 낯설면 새롭고 혁신적이니, 이 둘을 어찌하면 조화롭게 가져갈지 고민을 거듭합니다. 그러다 등장한 방법이 바로 '콜라보'입니다.

유니클로는 콜라보를 이용해 조화를 구가하고 있습니다. 질샌더, 띠어리, JW 앤더슨, 최근에는 르메르와 같은 명품 디자이너 브랜드와 손잡고 콜라보 상품을 연이어 선보이고 있는데요. 특히 질샌더와 콜라보한 J+ 시리즈는, 일본 상품 불매 운동이 한참이었던 2020년 국내에도 품절대란과 웃돈판매를 불러일으키기도 했습니다. 흔한 유니클로에 명품브랜드를 입혀, 흔하지 않은 콜라보 상품을 만든 거죠.

콜라보의 성행은 동종 업계끼리만으로 국한되지 않습니다. 흔한 것을 흔하지 않게 하여, 차별화를 모색하고 한정판의 이점을 살리는 전략으로 다양한 분야에서 이루어지고 있습니다. 너무 많은 예가 있지만, 기억하죠? 프라다폰. 그래서 그 시절 휴대폰 시장에서 고전했던 LG전자가 100만 대 이상 팔았던 명품폰. 콜라보의 위력을 보여주는, 좀 되었지만, 강력한 예입니다.

RULE MAKER #19 무신사

이번의 기업은 이미 너무 유명해졌지만, '흔하지만 흔하지 않게' 전략으로 성공한 기업, 무신사입니다. 무신사는 패션 편집 샵으로 성장해왔습니다. 특정 브랜드에 국한하지 않고 다양한 의류상품을 구비하여, 고객이 맘껏 선택하여 편집하게 하고,

'무신사 룩'이라 하여 다양한 편집 패션을 제안합니다. 특히 신진 디자이너나 신생 브랜드의 상품을 중심으로 코디했으니, 저렴해서 흔한 것을 무신사만의 흔하지 않은 패션스타일로 만든 것이죠. 물론 지금은, '무신사 룩'의 톱 1~5위 정도는 길거리에 나가면 쉽게 볼 수 있을 정도로 흔해졌지만요. 말씀드렸죠? 원래 패션은 그런 것이라고요.

무신사 역시 흔해지는 무신사의 정체성을 탈피하기 위해 콜라보 전략을 채택합니다. 2022년 4월, 치킨 브랜드 KFC와 협력하여, 단지 광고만으로도 얼마나 콜라보가 위력적인지를 보여줍니다. KFC 매장 앞에 항상 흰 정장을 입고 서서 지나가는 행인들의 복장을 살펴보던 샌더스 할아버지는 외칩니다. "나도 신상 입고 싶어, 70년 동안 같은 옷만 입었단 말이야!" 너무나도 익숙한 할아버지의 복장을 비틀어 흔하지 않은 광고, 흔하지 않은 무신사 이미지를 만들어낸 것이죠.

무신사는 각종 의류브랜드와의 콜라보는 물론, 무신사 이미지로 신용카드를 만든 현대카드와의 콜라보, 무신사 게임 아이템을 장착한 넥슨과의 콜라보, '오징어 게임' 초록색 체육복을 핼러윈 선물로 주는 넷플릭스와 콜라보 등등 끊임없이 무신사 상품과 무신사 룩, 궁극적으로 무신사가 흔하지 않음을 표방하고 있습니다. 이런 영민한 전략에 힘입어 국내 10호 유니콘 기업으로 등극한 무신사는 이제 대형 IPO를 준비하고 있다 하네요. 흔치 않은 기업으로 남을지 지켜볼 일입니다.

얼마 전에 '초현실주의의 거장들'이라는 부제가 붙은 전시회를 관람했습니다. 입구의 발처럼 생긴 기묘하고 큼직한 신발 그림이 눈에 들어왔습니다. 초현실주의를 예술사상으로 정립했다고 알려진 앙드레 브르통도 벼룩시장에서 산 특이한 스푼, 손잡이에 신발이 달린 스푼에서 초현실주의의 영감을 얻었다고 밝히고 있습니다.

무신사의 창업자인 조만호 의장은 신발에 남다른 애정이 있어 오래 전 신발 사진으로 도배한 사이트를 오픈합니다. 사이트 명은 '무진장 신발 사진이 많은 곳' 줄여서 '무신사'죠. 무신사 탄생 기원입니다. 초현실주의적 표현은 현실에서 익숙한 것들을 새롭게 바라보아, 묘하게 낯선 모습을 창조하는 것이 주종을 이룬다죠. 암튼 익숙한 것을 낯설게 보는 것과 신발이 무슨 관련이 있는지는 모르지만, 분명한 것은 이겁니다. 흔하지만 흔하지 않게, 그렇게 할 수만 있다면, 그렇게 하는 것이 익숙하면서 낯설고, 편하면서 새롭고, 안정적이면서 혁신적일 수 있는 두 마리 토끼를 잡을 수 있는 방법이라는 거죠.

참, '누구와 누구의 콜라보'할 때, '누구×누구'라 하는 거 아시죠? 단순 합이 아닌 곱하기입니다. 단순히 두 마리가 아닐지 모릅니다. 곱하기, 곱빼기, 곱절의 효과를 보기 위해서 여러분의 회사와 상품에도 이런 방식과 법칙을 고려해보기 바랍니다.

• 20 •

규제에 올라타라

기업은 철저하게 자본주의의 산물입니다. 자유시장주의의 총아이기도 하고요. 그래서 그러죠. 기업은 자유롭게 시장에 맡겨놓아야 성장한다고. 그러나 꼭 그건 아니겠죠? 시장에는 기업만 있지 않고, 기업 중에도 알아서 성장하는 기업만 있지 않은걸요. 간혹 자유를 악용하는 무책임, 무분별한 기업도 있고요. 그래서 하지 말라는 게 생기고, 때론 공권력으로 제재도 합니다.

참 신기한 게 사람이나 기업이나 하지 말라면 더 하고 싶은 충동이 생깁니다. 뭔가 그곳에 색다른 만족이나 드문 기회가 있을 것 같아서겠죠. 하지 말라고 한 것, 하지 말아야 할 것을 할 수는 없습니다. 그렇지만, 그냥 보내면 안 됩니다. 마냥 스쳐 흘려보내면 안 됩니다. 드문 무언가가 있을 수 있으니까요. 규제는 기업의 행위 폭을 제한하는 부정적 단어입니다. 그렇지만 뒤집을 수 있습니다. 긍정적이고 색다른 기회로 변환할 수 있는 무언가가 있으니까요. 이번에는 이런 얘기를 해보겠습니다.

월드컵의 열기가 뜨거웠던 2002년 축구의 본고장 유럽에서는 패스트푸드 불매운동 열풍이 한참이었습니다. 아동비만의 주범이라는 이유로 말이죠. 그러자 프랑스 맥도날드는 '어린이들은 일주일에 1번만 맥도날드에 오세요.'라는 광고를 대대적으로 내겁니다. 프랑스의 소비자는 물론 미국 맥도날드 본사도 깜짝 놀라게 한 이 광고의 결과는 어땠을까요? 프랑스 맥도날드는 그해 유럽 어느 나라와 비교해도 월등한 실적을 올립니다. 불매운동에 움츠렸던 다른 패스트푸드 회사들과는 달리, 햄버거에 대한 부정적 인식을 맥도날드에 대한 긍정적 이미지로 뒤바꾼 것이지요. 일주일에 1번도 안 먹던 어린이들까지 먹게 만들었다고 지역신문에 기사도 났습니다.

사람들의 보편적 인식보다 강제성이 강한 것은 법령입니

다. 비즈니스환경에서는 통칭 규제라고 부르는 것이죠. 규제는 어떤 이가 어떤 것을 하지 못하게 하는 법입니다. 하나 떠올리자면, 2013년 개정된 '소프트웨어산업 진흥법'은 소프트웨어산업을 영위하던 대기업에게는 엄청난 규제였습니다. 공공부문의 소프트웨어 사업 참여를 제한했으니까요. 하지만 이상하지 않습니까? 규제법령인데 명칭이 진흥법이라뇨. 그렇습니다. 규제는 동전의 양면 같아서 누구에게는 규제이지만 또 다른 누구에게는 진흥입니다. 규제에 저촉받지 않은 이들에게는 더욱 큰 활로가 열리는 거죠. 소프트웨어산업 진흥법은 국내 소프트웨어 중소기업의 경쟁력을 강화하기 위한 고육지책 정책이었죠.

RULE MAKER #20 반반택시

4차 산업혁명 시대 신기술확산을 위한 규제 개혁에 대해 많은 논의가 있습니다. 글로벌 트렌드와 산업의 혁신을 외치며 규제 혁파를 외치지만, 내용을 들여다보면 그리 간단한 문제가 아닙니다. 얽혀 있는 수많은 이해관계자의 입장을 생각해보면 그렇다는 겁니다. 그렇다고 가만히 있자는 얘기는 아닙니다. 규제는 당장 어찌할 수 없는 것이라면, 그 규제를 어떻게 대처할지는 당장 생각해볼 수 있는 일이라는 말이죠. 그러기 위해서는 그 규제의 취지를 보다 깊이 살펴보는 관점이 필요합니다. 마치 프랑스 맥도날드가 패스트푸드 불매운동이 성장하는 어린이들에 대한 염려에서 출발했다는 점을 이해한 것처럼요. 소프트웨어 대기업이 관련 중소기업과의 상생구조를 도모하라는 시책을 이해하지 못해 청천벽력을 맞은 것처럼요.

이러한 규제의 본질을 잘 이해하고 이용하여 급성장하고 있는 회사가 있습니다. 반반택시. 아, 반반택시는 서비스 이름이고 회사 이름은 코나투스Konatus입니다. 반반택시는 승객이 원할 경우에 다른 승객과 택시 동승을 할 수 있도록 연결해주는 서비스입니다. 왜 반반인지 쉽게 알 수 있죠? 동승한 승객들은 서로 겹치는 구간에 한해 택시 요금을 반반씩 지불합니다. 여기서 중요한 건 승객만 이득 보는 게 아니라는 겁니다. 동승객을 태우면 택시기사는 인센티브를 받게 됩니다. 승객은 택시요금의 절반 외에 인당 약 3,000원의 호출료를 지불하는데, 이 중 1,000원은 플랫폼 이용료로 코나투스에게 돌아가고 나머지는 택시기사의 추가적인 수익원으로 들어갑니다. 택시기사와 승객 모두 원원하는 방식인 셈이죠. 기사가 합승할 승객을 선택하는 건 여객자동차 운수사업법에 위반입니다. 그래서 승객의 선택이 강조되는 구조이며, 표현도 '합승'이 아닌 '동승'입니다. 또한, 동승객은 동성만 가능하고, 인접 지역 1km 이내, 동승 구간 70% 이상, 동승 시 추가 예상 시간이 15분 이하인 경우에만 매칭이 이루어지게 하여 승객의 불편함을 미연에 방지하고 있습니다. 이러한 룰을 준비하여 모빌리티 부문에서는 처음으로 ICT 규제 샌드박스 실증특례 사업으로 승인받았지요.

그렇다면 그간의 사업모델들과는 무슨 차이가 있을까요? 혁신 모빌리티 서비스의 상징과 같은 우버는 일찌감치 철퇴를 맞습니다. 우리가 해외에서 우버를 이용할 때 흔히 보는 우버 드라이버는 자기 소유 자동차로 틈틈이 짬짬이 승객을 태울 수 있습니다. 즉, 우리나라로 치면 택시면허가 없는 일반인들이 택시 영업을 하는 거죠. 이것이 이유입니다. 이와 유사한 케이스는 '카카오 카풀'로서 자가용 운전자와 탑승자를 연결해주는 공유서비스이지만, 역시 택시기사들의 반대로 출시 한 달 만에 중단되죠. 말도 많고 탈도 많았던 '타다'의 경우는 '승차 정원 11인승 이상 15인승 이하인 승합차를 렌트한 사람에게는 기사 알선이 가능하다'는 예외 조항을 활용해 안착하는 듯했으나 예외 없이 규제의 프레임에 사로잡혀 버립니다.

지금까지는 없고 반반택시에게 있는 것은 무엇일까요? 단순히 법조문에 대한, 그리고 그것들에 대한 해석의 합당 여부일까요? 타다의 경우에도 볼 수 있듯이 그것만은 아닙니다. 규제를 규정하는 배경을 파악하고 그에 걸맞은 룰, 즉 비즈니스 모델을 설계했느냐의 여부입니다. 반반택시의 성장요인은 강력한 이해관계자인 택시업계와 택시기사들과 상생하는 룰을 만든 것입니다. 옳건 그르건, 좋건 싫건의 문제가 아닙니다. 세상의 룰을 따르되 편승해야 합니다. 때론 주어진 룰의 범위 내에서 새로운 룰을 만들며 시장을 선도해야 합니다. 동승한 고객들끼리도 반반, 택시업계와도 반반 나누는 반반택시의 스마트 룰입니다. 최근 가맹택시 분야에도 출사표를 던진 코나투스 김기동 대표는 "택시기사들이 월 100만 원 이상의 수익을 추가로 가져갈 수 있도록 하겠습니다."라며 상생을 강조합니다. 무엇이 핵심인지를 아는 것이지요.

기억에 남을 만한 인용문을 많이 만들어낸 미국의 저술가 컬린 하이타워는 이렇게 말했습니다. "법은 이를 따르는 사람들에게 우호적이지만, 그렇지 않은 사람들에게도 종종 유용하다." 규제와 법은 그만큼 상대적입니다. 룰 그대로를 쳐다보는 것은 하수입니다. 때론 깊은 이해로 넓은 이용이 필요합니다. 때론 규제에 올라타야 합니다. 규제에 편승한 룰을 만들어 기호지세騎虎之勢하기 바랍니다.

Part 4

다 알려주는,
지혜의 룰

• 21 •

현대판 치킨게임

세상에는 젊은 나이에 요절하여 우리의 마음에 오래 남은 스타가 적지 않습니다. 그중에서도 제임스 딘은 압권이죠. 66년 전, 실제 활동 기간이 2년여에 불과한 그를 우리는 지금까지도 기억합니다. 그의 영화 '이유 없는 반항'에서는 2대의 자동차가 절벽을 향해 돌진합니다. 자동차를 운전하는 젊은이들은 목숨을 걸고 게임합니다. 절벽에 도달하기 전에 먼저 핸들을 돌리는 자는 게임에서 지고 겁쟁이, 즉 '치킨'이 되는 것이죠. 그렇다면 이긴 자는요? 겁 없는 승자가 되거나 절벽으로 떨어지겠죠. 이렇듯 파경을 무릅쓰고 치닫는 경쟁 양상을 '치킨게임'이라 부릅니다. 영화뿐만 아니라 비즈니스에서도 치킨게임을 볼

수 있습니다. 그저 이유 없는 반항이 아닙니다. 그 이유를 알아
보도록 하겠습니다.

치킨게임이 본격적으로 비즈니스 용어가 된 곳은 반도체
산업입니다. 2007년 대만 D램 업체들의 생산량 증대로 세계
반도체 기업들의 피 말리는 가격 인하 경쟁이 시작되죠. 여기
에 글로벌 금융위기가 겹치면서 6.8달러였던 가격이 2009년
에는 0.5달러까지 폭락합니다. 소위 '1차 반도체 치킨게임'은
독일 키몬다의 파산으로 종결됩니다. 3조가 넘는 적자로 백기
를 든 것이죠. 1차가 있으면 2차도 있겠죠? 2010년 대만과 일
본 기업들이 생산설비에 대한 투자와 증산을 선언하며 '2차 치
킨게임'이 발발합니다. 그해 말 다시 D램 가격은 1달러 밑으로
떨어지고, 이번에는 당시 세계 3위이자 일본 유일의 D램 업체
인 엘피다가 곤두박질칩니다. 영업이익율이 -73%에 이르자
급기야는 미국의 마이크론에게 경영권을 넘깁니다. 아시다시
피 이후에는 삼성전자와 SK하이닉스, 마이크론의 '빅3' 체제
로 재편됩니다.

반도체 산업의 경우는 대단위 대규모 생산인프라의 투자가
선행되는 독특한 사업구조에 기인하여, 기업 간의 가격경쟁이
발발하면 사활을 걸 수밖에 없습니다. 한편 국가적으로, 또는

정치적으로 죽기 살기 식의 치킨게임이 시작되기도 합니다. 2014년 미국 셰일가스업체들을 견제하기 위해 사우디아라비아 등의 산유국들이 원유가를 낮추기 시작합니다. 결국 이 고래들의 치킨게임에 애꿎은 산유 부국 베네수엘라가 경제적 파산에 이르며 등이 터지게 되죠. 어찌 보면 치킨게임의 원조 산업은 석유산업인 것 같습니다. 구 소련의 붕괴도 사실 원유가격을 전략적으로 내리고 내린 미국의 치킨게임 결과였다고 보는 시각이 많으니까요.

RULE MAKER #21 쿠팡이츠

자, 최근 우리의 일상에서도 치킨게임이 시작됐습니다. 반도체처럼 이미 깔아놓은 엄청난 시설 때문이 아닙니다. 국가적인 경쟁도, 정치적인 저의도 없습니다. 얼핏 보면 굳이 하지 않아도 되는데, 적자와 출혈을 감수하며 절벽을 향해 시동을 건 서비스가 있습니다. 쿠팡이츠입니다. 쿠팡이츠는 쿠팡의 음식배달서비스로서, '한 집에 한 배달'을 표방합니다. 한 번에 2~4개의 음식을 배달하는 기존의 배달 서비스와는 달리 따뜻하고 신선한 음식을 더 빨리 받을 수 있으니 고객의 입장에서는 단연코 선호할 수 밖에 없는 방식입니다. 물론 근자에는 이러한 단건 배달보다 배달비를 할인해주는 옵션도 제공하고 있지만요.

그렇다면 배달 라이더의 입장은요? 음식 건당 수수료를 받으니 벌이가 줄어들 수 있겠지만 이는 쿠팡이츠가 부담합니다. 이뿐만 아닙니다. 여타 배달앱은 광고비를 내면 앱상에서 해당 음식점을 선순위로 노출해줍니다만, 쿠팡이츠는 광고비 대신 우수한 운영을 보이는 음식점에 '치타배지'를 부여하여 카테고리 상위에 노출 시켜줍니다. 생각해보세요. 라이더에게는 더 많은 배달 수수료를 주고, 점주에게는 광고비 부담을 줄여줍니다. 그렇다면 수익구조는 어찌 될까요? 치킨게임으로 치닫고 있는 것입니다. 약간의 손익개선을 표방하기도 하지만, 쉽사리 벗어날 수 있는 게임이 아닙니다. 어쨌든 쿠팡이츠는 출범 1년 만에 배달통을 제치고 업계 3위의 위치를 차지합니다. 지금처럼 배달의민족, 요기요 같은 선두주자들이 별다른 서비스 개선의 노력을 보이지 않는 상황에서는 그들을 겁쟁이로 몰아세울 가능성도 있다 하겠죠.

쿠팡이츠를 서비스하는 쿠팡은 신기한 회사입니다. 코로나 사태로 국민기업으로 부상했지만, 오너 대표이사는 한국 출생 미국인이며 쿠팡의 본사는 미국에 있습니다. 또 최대주주는 손정의의 일본 자본입니다. 쿠팡이츠라는 이름도 일본의 우버이츠에서 따온 것으로 보이구요. 김범석 대표는 "쿠팡은 앞으로도 고객의 감동을 위해 막대한 투자를 할 것입니다."라고 합니다. 모두가 알듯이 적자에 적자를 이어가면서 말이죠. 쿠팡이 적자를 보며 치킨게임을 하는 이유, 그런 회사에 손정의가 수조 원을 계속 투자하는 이유에 대해서 여러 의견이 있습니다. 무엇보다도 설득력이 있어 보이는 것은 한국 유통물류 시장의 플랫폼을 독점하고자 한다는 것입니다. 음식물은 다른 배달 품목에 비하여 촉박한 시간과 세밀한 관리가 요구됩니다. 이 '라스트마일 혹은 라스트씽 딜리버리'까지 장악하게 된다면 승자의 월계관을 쓰는 날이 오겠지요. 그러면 물류의 플랫폼이자 터미널, 그리고 유통의 허브이자 거점으로서 막대한 비즈니스 권력을 확보하게 되지 않겠습니까?

제 전공은 신기술을 활용한 사업모델, 또는 신사업 전략입니다. 그러다 보니 기업의 경영에 여러 자격으로 참여하고 있습니다. 대다수의 기업은 전통적으로 매출과 이익으로 경영실적을 산출합니다. 그것으로 기업의 가치를 가늠합니다. 그러나 이런 관점으로, 현재가치 중심의 잣대로는 쿠팡을, 마켓컬리를, 그리고 적자투성이지만 투자가 줄 잇는 기업을 이해할 수 없습니다. 절벽으로 치닫는 이유를 이해할 수 없습니다. 하지만 생각해볼 일입니다. 미래는 이미 와 있는데, 아직도 우리는 현재가치로만 미래를 보고 있지는 않은지 말입니다. 미래가치로 현재를 봐야 하는데 말이죠. 현대판 치킨게임에 뛰어든 그들의 미래를 예단하기는 어렵습니다. 그들을 따라 하기도 쉽지 않습니다. 그러나 적어도 기업의 경영에, 새로운 사업에, 투자에, 전략에 이제는 새로운 가치를 따져보아야 할 때입니다. 그러한 룰을 고려해야 할 때입니다. 그간의 무심코 지탱해온 잣대에 이유 있는 반항을 해보아야 할 때입니다.

22

레트로의 비결

전 세계에서 스타벅스 매장이 가장 많은 도시가 어디인지 아세요? 스타벅스의 고향 미국의 시애틀? 아니면 인구가 가장 많은 도시인 일본의 도쿄? 아닙니다. 여러분 대다수가 살고 있는 대한민국의 수도 서울입니다. 사람이 없어 텅 빈 듯한 느낌의 스타벅스를 본 기억이 없습니다. 그러면서 한번쯤은 생각해보죠. 대체 언제까지일까. 커피 맛은 그렇다 치고, 분위기, 위치, 굿즈에서 압도적 우위를 점유하고 있지만, 도대체 언제까지 그럴 수 있을까. 대세와 트렌드는 언젠가는 변하고, 어차피 에지의 뾰족한 날 끝에 오래 머물기는 어려운 법이니까요. 세상은 절대 그렇게 놓아두지 않는 법이니까요. 다 끝난 줄, 다 죽은 줄 알았던 것들이 스멀스멀 부활하며 영원하리라 생각했던 것들을 밀쳐내니까요. 이런 생각으로 정점에 있는 것들보다는, 나락에 빠져 헤어나지 못할 것만 같던 것들이 어떻게 다시 부활하는지에 대해 얘기해보겠습니다.

레트로 열풍이 거셉니다. 과거의 모양과 풍습 또는 사상으로 돌아간다는 뜻으로, 우리말로는 '복고'입니다. 이미 흘러가버린 유행의 요소가 부활하여 다시 유행을 타는 거죠. 부활했다면 이전에는 죽었던 겁니다. 죽은 취급을 당할 정도로 어떤 시기에는 천대받고 괄시받던 것이라는 거죠. 그런데 왜일까요. 왜 다시금 살려냈을까요.

레트로의 한국식 동의어를 보면 답이 있습니다. 뉴트로 new+retro 혹은 영트로 young+retro라 합니다. 그냥 옛것 그대로가 아닙니다. '영'한, '뉴'한 무언가가 덧붙여진 거죠. 오랜 역사의 기업들이 30주년, 50주년 하며 만들어내는 일용품 레트로 에디션들의 복고풍은 사실 포장일뿐입니다. 내용은 '영'한 최근의 것입니다. 경리단길, 피맛골, 최근에는 신당동과 미아동, 강북의 허름한 거리지만 음식점 내부와 음식과 서비스는 '뉴'한 면이 있습니다.

유행의 대명사라 할 수 있는 패션에서도 코듀로이가 부활했습니다. 예전엔 골덴이라고 불렀었죠. 코듀로이 소재와 패션은 불필요하게 두텁고 촌스럽다고 철저히 외면받았습니다. 그런데 다시 각광 받고 있습니다. 청자켓과 청바지, '청청'패션은 옷 못입는 사람의 상징이었죠. 지금은 패션피플의 복장이고요. 왜 일까요. 그게 다가 아니기 때문입니다. 코듀로이 바지 위에 대비되는 슬림핏 상의, 청청패션에 겹쳐지는 원색의 악세서리와 소품, 이런 것들로 재구성되기 때문입니다. 그냥 좀비처럼, 그저 흉측한 모습으로 부활하는 건 아니지요.

RULE MAKER #22 플랜즈커피

우리 주변에 흔했지만, 한물간 대표격 추억의 산물에 커피자판기가 있습니다. 이 커피자판기를 부활시킨 플랜즈커피Planz Coffee가 오늘의 성장기업입니다. 참, 플랜즈커피는 커피자판기라 하지 않고 무인커피스테이션이라 하는군요. 벌써 레트로의 비결을 쓰고 있네요. 최준혁 대표는 대학생 때 대학 내 도서관 같은 곳에 있는 카페의 커피 가성비에 불만이 많았다고 합니다. 그래서 떠올린 것이 그 올드한 커피자판기였습니다. 지나치게 달기도 하고 종종 자판기 내 바퀴벌레 소문도 도는 존재지요.

이름을 바꾸어도 커피자판기, 맞습니다. 그러나 다양한 로스터리 커피에 라테도 있고, 심지어 핫초코와 몇 가지 티도 구비되어 있습니다. 자판기 메뉴에는 '아이스'도 가능하고, 사이즈, 진하기, 시럽도 선택할 수 있고요. 게다가 동전이나 지폐 넣을 필요 없습니다. 신용카드와 각종 페이 모두 오케이입니다. 이러한 기능을 탑재한 자판기는 세련된 디자인과 감성적 문양을 뽐냅니다. 그래야 머물고 싶은 스테이션을 연출할 수 있겠죠. 진정한 뉴트로라 할 수 있는 게 또 있는데, 원두커피 한 잔 뽑는 데 25초나 걸린다는군요. 예나 지금이나 '빨리빨리' 속성은 그대로, 아니 '샛별, 새벽, 로켓' 등으로 세상은 더 빨라졌으니 말이에요.

사업 전개 방식도 그렇습니다. 플랜즈커피의 사업전략은 B2B2C입니다. 입점시키는 장소는 기업이나 기관입니다. 무상으로 제공하죠. 그러나 수입은 입점된 곳에 소속된 개인 고객들에게서 나옵니다. 영업은 기관에게 하고, 수입은 개인에게 얻는 현대적 사업모델을 갖고 있는 셈이죠.

그러나 플랜즈커피의 성장전략을 살펴보면, 또 하나의 레트로의 비결을 알게 됩니다. 어쩌면 너무 당연한 건데요. 바로 본질적 경쟁력인 '퀄리티'입니다. 플랜즈커피는 유명 로스터리의 원두를 사용하고, 특히 제조된 커피액을 생맥주 저장용기인 케그에 담아 운반합니다. 케그는 위생 측면에서 정평이 있는 보관용기입니다. 아무리 싸면 뭐합니까. 맛없고 위생이 걱정된다면요. 아무리 포장이 올드 감성이면 뭐합니까. 내용물이 별로면요. 제아무리 분위기가 아날로그 감성이면 뭐합니까. 음식의 맛이 없으면요. 사실 코듀로이, 청청패션이 어울리는 사람은 극히 일부입니다. 아무나 패셔너블하게 소화하기는 어렵습니다. 맞습니다. 레트로의 또하나의 비결. 바로 퀄리티입니다. 본질이 지켜져야 합니다. '빈티지'라는 용어, 그에 상응하는 물건들을 떠올려보세요. 단순히 낡고 오래된 것이 아닙니다. 높은 퀄리티, '고퀄'을 상징하는 무엇들인 거죠.

문학작품 역사상 가장 많이 인용되는 첫 문장 중 하나는 나관중의 《삼국지연의》에 등장합니다. '천하대세 분구필합 합구필분天下大勢 分久必合 合久必分', '세상의 모든 것은, 나뉘면 반드시 합처지고, 합치면 반드시 나뉘어진다'입니다. 쉽게 말하자면, 그냥 '돌고 돈다'입니다. 유행도 돌고 돕니다. 그러나 그냥 그대로 돌고 돌지는 않습니다. 삼국지에도 수많은 왕조가 흥망하고 수많은 영웅이 명멸합니다. 그러면서 변할 것은 변하며, 지켜질 것은 지켜집니다. 어떤 것은 옛것이 새것으로 대체되고, 어떤 것은 예나 지금이나 같습니다. 그것을 구분하고 때론 합치는 것이 진화의 비결이겠지요.

스타벅스는 과연 언제까지일까요? 전혀 다른 쪽의 메가커피는 또 언제까지일까요? 플랜즈커피는 어디까지 성장할까요? 지금 우리 주변에 여러분의 사업에 다 끝났다고, 더는 별 볼 일 없다고 방치된 것 중 부활할 만한 건 없을까요? '영'하고, '뉴'한 무언가를 덧붙여 새 생명을 불어넣을 건 없나요? 자, 꺼진 불도 다시 보면서 되새겨 보기 바랍니다. '영 뉴 고퀄' 레트로의 룰이었습니다.

23

발톱은 숨겨야

하나만 물어보고 시작하겠습니다. 비즈니스에서 온라인과 오프라인 중 무엇이 더 중요할까요? 정답은? 둘 다. 둘 다 중요합니다. 싱겁다고요? 하지만 여러분의 기업과 사업을 생각해보세요. 분명 한쪽으로 치우쳐 있을 겁니다. 분명 둘 다 중요한 건 알지만, 전략의 방향과 자원의 분배가 어느 한쪽으로 편향되어 있을 것입니다.

흔히 'O2O'라 합니다. 굳이 약자를 풀어놓자면 'Online to Offline'입니다. 대표적인 예로 온라인으로 택시를 부르면 오프라인으로 택시가 온다는 거죠. 그런데 저는 한번씩 헷갈립니다. 꼭 O2O가 Online to Offline인지, Offline to Online이면 안 되는 건지요. 택시 경우도 그렇지, 우리가 오프라인에서 손 흔들며 택시 잡는 일을, 대신 온라인에서 손 놀리며 하는 거 아닌가요? 포인트는 이게 맞다 저게 맞다가 아니고 O2O에서 온라인과 오프라인의 순서는 의미가 없다는 겁니다. 무엇이 더 중요하다고 따지는 것은 의미가 없다는 것입니다.

온라인 유통의 무소불위 최강자 아마존은 2017년 유기농 슈퍼마켓 체인인 홀푸드마켓을 137억 달러, 약 15.5조에 사들입니다. 그간 아마존이 쇼핑한 130여 개의 기업들의 규모에 비해 엄청나게 큰 금액입니다. 그런데 더욱 두드러진 점은 M&A한 대다수의 기업이 테크 또는 온라인 기업인 반면, 홀푸드마켓은 전 세계에 470여 개의 매장을 갖춘 철저한 오프라인 기업이라는 거죠. 왜일까요? 왜 그랬을까요? 일부에서는 '포식자 아마존'의 이미지를 희석시키기 위해 '완전한 식품'을 내세우는 착한 친환경 기업을 인수했다는 얘기도 있지만, 그것만은 아니겠죠. 아마존은 알고 있습니다. 쇼핑은 손놀림만으로 이루어지기에는 뭔가 부족하다는 사실을요. 고객의 체험, 만지작거리며 쇼핑하는 기쁨. 오프라인 매장을 확보하려는 진짜 중요한 이유가 또 있습니다. 오프라인 매장에서 얻을 수 있는 고객 행태 데이터는 온라인의 그것과는 비교가 안 되게 풍부하기 때문입니다. 각종 첨단 기술과 시설을 갖춘 무인 매장 '아마존 고' 아시죠? 다 그런 연유에서입니다.

지금까지 온라인 기업이 오프라인을 쳐다보는 경우였다면, 이제 반대의 경우도 생각해볼까요? 사람들은 오프라인 매장에서 체험해봅니다. 테스트도 해보고 트라이도 해보죠. 그러곤 집에 가서 다른 온라인 사이트에 접속해 물건을 삽니다. 더 싸니까요. 화나죠. 이런 현상이 유달리 많은 H&B 매장은 정말 화날 만합니다. 그런데 화내지 마세요. 어쩔 수 없잖아요? 화내는 대신 오프라인의 고객을 자사의 온라인몰로 이어지게 하는 방법을 찾아야 합니다.

RULE MAKER #23 **M20**

온라인이냐 오프라인이냐의 얘기가 아니었습니다. 'or'가 아니고 'and'를 얘기한 것입니다. 이 둘은 같이, 그것도 밀접하게 함께 가야 할 것들입니다. 오늘은 이런 룰을 신봉하며 성공의 길로 들어선 기업을 소개해드리겠습니다. M20. 일단 회사 이름에 있는 M은 'Muscle', 즉 근육의 의미입니다. M20는 EMS라 부르는 주파수 근육자극기를 통해 근육을 강화하는 운동기기를 생산합니다. 우리가 주변에서 자주 접하는 저가의 저주파 기구와는 달리 중주파를 사용하여 자극이 근육까지 도달하게 하는 것이 차별화된 기술이라 합니다. 전용 수트를 입은 상태에서 제자리 운동을 하는 식이라 건강한 사람은 작은 공간에서도 편리하게, 고령자나 환자도 관절에 무리 없이 용이하게 사용할 수 있다 합니다. 20분을 운동하면 20가지 효과를 본다 하니, 이제 회사 이름에 대한 퍼즐이 맞춰진 셈이죠.

근육과 운동은 무엇보다도 물리적이고 대표적으로 체험적인 것이죠. 말 그대로 그냥 오프라인입니다. 그러나 굳이 이 회사를 소개한 건 거기서 끝이 아니기 때문입니다. 더 큰 다른 것이 있기 때문입니다. EMS장비에 IoT를 부착하면, IoT는 빅데이터를 모아 인공지능으로 분석합니다. 골격근뿐 아니라, 체성분, 혈압과 혈관, 피부 상태를 측정하며 다양한 인체 데이터와 결합하여 적합한 식단이나 운동까지 제안합니다. 터치스크린이 부착된 거울을 통해 건강기능 식품을 주문하고 결제도 할 수 있다니 온라인 비즈니스의 모든 기능을 갖췄다고 하겠네요. M20는 2023년 2월 블록체인 기술을 활용하여 헬스케어 플랫폼 암호화폐인 '마요코인'을 발행합니다. 소비자가 인체 데이터를 측정하거나 운동목표를 달성하면 마요코인을 보상으로 받으며, 이를 통해 다양한 운동 콘텐츠와 의료 서비스를 제공 받고, 또 건강기능식품과 식단 주문 및 결제까지 가능하다고 하니, M20의 숨겨진 발톱을 알아챌 수 있겠죠?

M20를 그저 EMS장비 회사라 하면, 경쟁 구도가 심플해 보입니다. 하지만 아닌 걸 알았으니 꼭 집어 누가 경쟁사인지, 또 그들과의 비교가 쉽지 않네요. EMS 기업, 헬스장 또는 헬스 트레이너, 의료기기 업체, 홈 트레이닝 서비스, 건강 식품과 건강 식단 포털, H&B 데이터 기업 등등, 모두와 경쟁입니다. 제 생각에는 M20의 20은 경쟁 분야의 숫자가 아닌가도 싶고요. 암튼 M20는 오프라인과 온라인을 뒤섞으며 이 모든 기업들과 확실한 차별점을 부각하고 있는 것은 맞습니다.

M20의 김진길 대표는 방송 PD 출신입니다. 여러분 모두가 아는 프로그램을 맡은 적도 있구요. 생각해보면 방송만큼 처절한 오프라인과 철저한 온라인이 기막히게 뒤섞인 상품은 없는 것 같습니다. 그래서 그런지 M20의 미래에는 오프라인과 온라인의 구분은 없어 보입니다.

사람들은 O2O를 넘어서 심지어 O4O라고도 합니다. 오프라인을 위한 온라인이란 뜻이죠. 마음에 안 듭니다. 아직도 무엇이 무엇을 위한다는 식으로 이들을 애써 구분할 생각입니까? 아직도 온라인 사업과 오프라인 사업을, 그들의 조직을, 금긋고 선 그어 구별하고 심지어 그들끼리 경쟁시킬 생각입니까? 그냥 온오프를 섞으면 안 될까요? 온오프믹스, 어떻습니까. 구분하지 말고 구별하지 말고 어떻게 하면 잘 믹스할지 여러분의 기업, 여러분의 사업만의 룰을 만들어 보면 어떨까요? 검은색과 흰색의 기막힌 믹스, 커피믹스 한잔 드시면서 고민해보길 바랍니다.

• 24 •
혁신과 개선 사이

일본 영화 좋아하세요? 좋아하시는 분은 알겠지만, '지금 만나러 갑니다', '너의 췌장을 먹고 싶어', '세상의 중심에서 사랑을 외치다' 같은 선언적인 제목의 영화들이 기억에 남습니다. 그런데 좀 뭔가 이것과 저것 사이에서 주저하는 듯한 제목도 있군요. 알죠? '냉정과 열정 사이', 냉정과 열정, 냉정을 견지해야 할 때와 열정을 분출해야 할 때, 그 사이에서 주저하는 영화이죠.

세상에는 이것과 저것 사이에서 주저하고 고민할 일들이 많습니다. 중심이 확연하면 마음껏 외칠 텐데요. 이것과 저것, 이 페어 중 하나가 뚜렷하게 좋은 것이면 마음껏 선택할 텐데

요. 그런데 존중받아 마땅할 각자의 가치가 있는 것들, 진보
와 보수, 진흥과 규제, 권리와 의무, 집중과 분산, 적극과 신중,
외모와 성격, 이성과 감성, 그리고 얼추 비슷한 냉정과 열정까
지, 이런 것들이 많습니다. 무엇을 고를까요? 아니면 그 사이
어디에 자리해야 할까요? 그런 생각으로 시작해보겠습니다.

비즈니스 현실에서 선택지에 대한 고민을 종종 안겨주는
페어는 '혁신과 개선'입니다. 좀 뚜렷하게 구분하자면, '파괴적
혁신'과 '점진적 개선'이죠. 기존의 시스템의 체제를 유지하며
단계적 개선을 도모할 건지, 아니면 이를 파괴하고 완전하게
새로운 혁신을 추구할 건지의 차이입니다. 이러한 고민은 특
히 회사의 근간이 되는 정보시스템을 구축하는 데 많이 등장
하였는데, 기성품 ERP를 전격적으로 도입할 때는, 파괴적 혁
신이 점진적 개선을 압도하는 경우였죠.

혹시 들어보았나요? 그린 필드와 브라운 필드. 스마트 시
티 분야에서는 자주 쓰는 용어인데요. 그린 필드 스마트 시티
는 그린 풀밭만 있던 땅에서 무에서 유를 창조하는 최첨단 기
술로 잉태된 도시입니다. 부산 에코델타시티, 세종 국가시범
도시처럼 빈 땅에서 출발한 파괴적 혁신의 스마트 시티죠. 반

면에 브라운 필드는 점진적 개선입니다. 도시재생 차원에서, 기존의 구성물과 인프라를 스마트 기술로 개선하는 접근이니, 단기간에 성과가 가시화되겠지요? 그래서 근자의 스마트 시티 정책에서 큰 비중을 차지하고 있습니다. 혁신보다는 개선에 중점을 둔 방향이죠.

기업의 핵심자원인 인력에 대해서도 마찬가지입니다. 싹 바꿀지 조금씩 바꿀지 고심합니다. 프로야구도 패기 찬 젊은 유망주로 라인업을 짤지, 노련한 베테랑으로 짤지 고민합니다. 과연 혁신과 개선, 무엇을 택해야 할까요. 아니면 그 사이 어디쯤에 자리 잡아야 할까요? 다음 기업의 얘기를 들어보고 다시 생각해보기로 하겠습니다.

RULE MAKER #24 　딜리셔스

이것도 좋고 저것도 좋은 또 하나의 페어는 디지털과 아날로그입니다. 비즈니스의 양대 시장이자 방향인 온라인과 오프라인이죠. 딜리셔스Dealicious가 운영하는 '신상마켓'은 묘한 곳입니다. 온라인이지만 오프라인이고, 아날로그이지만 디지털이죠.

신상마켓은 패션 도·소매 거래 온라인 플랫폼입니다. 그러나 그들의 출발점과 지향점은 모두 오프라인입니다. 동대문에선 3일이면 신상품을 만들 수 있답니다. 반경 10km 안에서 디자인·제작·유통이 모두 이뤄지기 때문이죠.

물리적인 거리만 가까운 게 아닙니다. 동대문 시장은 역사가 100년이 넘다 보니 가족 단위 상인이 많아, 형이 청바지를 다루면 동생은 셔츠를 파는 식으로 관계도 밀접하죠. 딜리셔스는 이러한 긴밀한 연결을 온라인으로, 디지털로 전환하는 꿈을 착수하게 됩니다. 동대문 시장 곳곳을 발로 뛰며 전단지를 돌리고, 도소매 사장 한 사람 한 사람에게 인사하고, 한 사람 한 사람에게 참여 설득하고, 사용 설명하고. 처음에는 "젊은 친구 고생하는데, 잘될까?"였지만, 지금은 12년 차 젊지만은 않은 아주 잘되는 기업으로 성장했습니다. 신상마켓에는 동대문 패션 도·소매상의 80%, 바로 1만 1,000곳의 도매상, 12만 곳의 소매상이 입점해 있으니까요

신상마켓의 별칭은 '동대문 카카오톡'입니다. 대표적인 오프라인 동대문이고 대표적인 온라인 카카오톡이죠. 대표적인 아날로그를 디지털로 바꾼 것이죠. 디지털이지만 아날로그와 함께한 것이죠. 동대문 시장 같은 곳을 디지털 플랫폼화했으

니 분명 파괴적 혁신입니다. 그러나 도·소매상 의견과 피드백을 반영하느라 신상마켓 업데이트를 1년에 180번이나 하고, 2, 3일에 1번꼴로 기능을 개선했다 하니 분명 점진적 개선이기도 합니다. 혁신이자 개선이고, 개선이자 혁신입니다. 이렇게 오묘하고 교묘하게 혁신과 개선을 넘나드는 덕분에, 신상마켓의 누적거래액은 2조 원을 넘으며 고공 성장을 이루고 있습니다.

딜리셔스의 장홍석 대표는 말합니다. "동대문은 전 세계에 거의 없는 패션 클러스터입니다. 디자인은 물론 생산에서 유통까지 모든 업무를 초단기에 소화할 수 있는 오프라인 능력을, 디지털 역량으로 전환하여 일본과 중국 시장을 공략하겠습니다." 멋지네요. 앞으로 동대문 시장 골목골목에서 흔히 들려오는 거래의 딜deal이, 딜리셔스dealicious하게 일본과 중국에서도 이루어지기를 바랍니다.

문득 '중용'이 생각납니다. 역사학자 아놀드 토인비마저 극찬한 동양사상의 심오한 지혜죠. 그런데 때론 중용을 잘못 이해하기도 합니다. 이것과 저것 사이 가운데에 위치하여, 이편도 저편도 아닌 중립을 표방하며, 어느 쪽도 아닌 듯한 어정쩡

한 입장으로 사용하기도 합니다. 그러나 중용은 얼추 중간이 아니며, 적당히 절충 타협하는 것이 아닙니다. 중용은 결코 우두커니 사이에 있는 것이 아닙니다. 이것도 저것도 아닌 것이 아니라, 이것일 때는 이것이고 저것일 때는 저것입니다. 냉정해야 할 때는 냉정해야 하고 열정해야 할 때는 열정해야 하는 겁니다. 미지근한 색깔 없는 인간이 아닌, 냉정과 열정을 오묘하고 교묘하게 넘나드는 매력 만점 인간의 덕목입니다.

어떻습니까. 지금 하는 일, 추진하고자 하는 일, 적당히 절충하고 타협하여 미지근하진 않습니까? 파괴적과 점진적 사이에서, 혁신과 개선 사이에서 혹시 어정쩡하진 않습니까? 혁신해야 할 때는 혁신하고, 개선해야 할 때는 개선하며, 혁신과 개선을 오묘하고 교묘하게 넘나들어야 하지 않겠습니까? 그러한 매력 만점의 일, 그런 딜리셔스한 비즈니스 되길 바랍니다.

25

상극 레시피

한창 MBTI가 유행입니다. 16가지 유형으로 나누어 사람의 성격을 구분 짓는 거죠. 한술 더 떠 이들 간의 궁합도 보더라고요. 하긴 4가지로 나뉜 혈액형이나, 12가지로 나누어진 띠 가지고도 궁합 운운하니, 16가지나 되는데 왜 궁합을 따지지 않겠습니까. 호랑이띠와 가장 잘 맞는 띠는 말띠와 개띠라죠. 상극은 뱀띠, 원숭이띠고요. 참고로 저는 O형인데, AB형은 피하라는 말 여러 번 들었습니다. 그런데 이 말들 다 믿으시나요? 인간관계에서, 비즈니스 관계에서 만나는 수많은 상대를 궁합만 보고 판단할 수는 없겠죠. 찰떡궁합이라면 그냥 가까이하고, 철천지상극이라면 그저 멀리할 수는 없겠죠. 오히려 멀리

했던 상대, 멀리만 생각했던 대상과 함께하고 조화를 이루면, 더욱 드라마틱해지는 것이 인생이고, 더욱 극적인 성과로 이어지는 것이 사업 아닐까요? 상극의 조합, 상극의 레시피를 도모하여 극적인 성공을 거둔 이들이 적지 않습니다. 시작해볼게요.

서로 상극으로 짝지어진 것에는 먹거리가 많습니다. 조선시대부터 상극이라 알려진 감과 게가 있고요. 일반적으로 파와 미역, 시금치와 두부, 소고기와 부추, 장어와 복숭아 같은 조합도 그렇다고 합니다. 음식의 성분을 따져서 하는 얘기인데, 그런 논지로 상극커플로 일컬어지는 것에 초콜릿과 우유도 있습니다. 어떻습니까. 갸웃하지 않습니까? 초코우유가 얼마나 대박 장기흥행 상품인데요. 게다가 삼겹살과 소주는 지방합성을 촉진하여 상극, 치킨과 맥주는 통풍과 소화불량을 일으키는 '푸린'이라는 성분 때문에 상극이라 합니다. 동의하나요? '삼소'와 '치맥'의 상극을, 그들이 없는 세상을요. 다시 생각해보아야 합니다. 되려 상극의 레시피를 부각한 경우도 있습니다. 중국 맥도날드는 2021년 충격적이었던 '오레오 스팸버거'에 이어 '고추기름 아이스크림'을 시판합니다. 대중과 언론의 관심이 쏟아졌고, 마니아까지 생겨났다 합니다.

현대 산업사회에서 대표적인 상극의 조합은 구글의 자율주행차입니다. 신사업의 총아인 인터넷서비스 기업이 전통 제조산업의 대표인 자동차 사업에 뛰어든 것이죠. 발상 또한 기존의 자동차 업계와 극과 극입니다. 자동차 업계는 자율주행차를 자동차에 컴퓨터가 달린 것으로 보지만, 구글은 컴퓨터에 바퀴가 달린 것으로 봅니다. 그러나 지금은 누구도 구글이 자율자동차 시대의 선두주자임에 이견을 달지 않습니다.

조금 더 갈까요? 전통 제조기업 회사 내부의 상극 부서는 설계 부문과 생산 부문이죠. 세계적인 제조기업들은 모두 '동시공학(concurrent engineering)'으로 이 둘의 상극 문제를 해결하여 혁신을 이룬 기업들입니다. 신산업에도 상극의 레시피는 등장합니다. 공유경제의 최고 스타 기업은 누구죠? 그들이 남들에 앞서 공유한 대상은 무엇이었죠? 집과 자동차입니다. 우리가 그간의 산업사회에서 흔히 '재산목록 1호', '재산목록 2호'에 올려놓았던 것들입니다.

도저히 어울리지 않는 것을 어울리게 하여 성공의 문 앞에 도달한 기업이 있습니다. 비팩토리Bfactory입니다. 비팩토리의 대표는 해커 출신입니다. 그런데 이 해커 출신의 노정석 대표는 전혀 상관없어 보이는 제약기술에 주목합니다. 타 회사인 스카이테라퓨틱스가 개발한 물과 기름이 섞이는 기술입니다. '물과 기름'이라뇨. 상극인 이 둘이 섞이는 기술이라니요. 이 기술은 분자 구조를 바꿔 물과 기름이 결합하도록 한 다음 다시 일정 조건에서 헤어지게 합니다. 이러한 상극의 레시피에 착안하여 창업한 화장품회사가 비팩토리입니다. 기존 보습제들은 피부의 기름막을 뚫지 못해 세포에 스며들지 않아, 잠깐 피부 겉에 묻었다가 금방 날아가는 대신, 비팩토리의 보습제는 수분과 화장품 원료가 함께 녹아서 피부의 기름막을 통과한 뒤 세포에 스며든다고 합니다. 대단하죠? 기대되는 성능도 그렇지만, 상극인 물과 기름을 섞다니, 해커가 제약기술에 관심 갖고 화장품을 만들어낸다니 말입니다.

노정석 대표에게는 특이한 이력이 있습니다. 카이스트 재학 시절, 해킹 공격의 선봉에 서서 포항공대의 전산망을 마비

시킨 바 있습니다. 상극까지는 아니었어도, 당시 공학 전문의 라이벌 대학을 공격한 거죠. 그 후에 다양한 분야의 7개 기업을 창업하며 역시 극과 극을 오가고 있습니다. 극과 극을 오가며 상극을 조합하는 그의 행적은 다음 한마디에도 드러납니다. "비팩토리는 화장품을 생산하지만 화장품 회사가 아닙니다. 소프트웨어 회사입니다." 실제로 소비자가 스마트폰으로 본인의 피부 성향, 원하는 화장품 성분, 선호하는 향 등을 입력하면 맞춤형으로 제작해줍니다. 이때 자체 개발한 인공지능 소프트웨어로 분석하고 로봇이 원격으로 제조합니다. 자꾸 듣다 보니 상극에 대한 고정관념이 흔들리고, '극과 극은 통한다'라는 문구가 저절로 떠올려지는군요.

개와 원숭이 사이, 견원지간이 있지만, 개와 고양이 사이, 견묘지간도 있습니다. 정말 개와 고양이는 사이가 안 좋은 상극일까요? 적어도 성격은 상극인 것 같습니다. 인재를 구분할 때에도 '개형 인재'와 '고양이형 인재'를 나눕니다. 성실한 개형 인재와 창의적인 고양이형 인재. 그래서 보통 치고 나가는 일은 고양이형 인재에게, 정리하고 수습하는 일은 개형 인재에게 맡기면 좋다고 합니다.

아, 호랑이형도 있습니다. 얘기했죠? 호랑이는 개와 잘 어울린다고. 또 호랑이는 고양잇과죠. 태생이 같습니다. 그렇습니다. 호랑이형은 상극인 개형 인재와 고양이형 인재 모두를 잘 아우르고, 또 모두와 잘 어울리는 인재입니다. 그래서 리더의 자질을 갖춘 인재입니다. 어떤가요. 고정관념을 탈피해서 상극의 레시피로 조직의 리더도 되고 신사업의 리더도 되어보면 좋지 않을까요?

26

솔루션과 서비스, 갈 길이 다르지만

인류가 현재 만들 수 있는 인공지능의 지능 수준이 어느 정도일까요? 침팬지입니다. 아니라고요? 침팬지가 어떻게 이세돌을 이기냐고요? 아닌 게 아닙니다. 당시의 알파고는 바둑만 둘 줄 아는 인공지능이죠. 다른 것은 못하죠. 제 생각에 아마 오목도 두지 못할걸요? 학습이 안 되었다면요. 지금의 인공지능은 인간의 광범위한 지능을 쫓아가기엔 아직 턱없습니다. 저 멀리 알파고는 차치하고, 손안의 빅스비나 시리에게 말 걸어보세요. 몇몇 상투적인 대화 말고는, 이제 지겹지 않으세요? 그 헛소리 계속 듣기도요.

그러나 인공지능은 분명 최강의 솔루션입니다. 인류가 처한 산적한 문제를 해결해줄 솔루션입니다. 또한 최고의 서비스입니다. 인간사회 곳곳의 각각의 문제를 대응해줄 서비스입니다. 헛소리 듣는 것도 참아가며 기대해봄 직한 솔루션이자 서비스입니다. 자, 오늘은 기대 만발의 인공지능에 빗대어, 솔루션과 서비스의 가야 할 다른 길에 대하여 얘기해보겠습니다.

인간은 커먼센스로 임기응변이 가능합니다. 이런 인간의 광범위한 지능과 유사한 인공지능을 '강 인공지능'이라 부릅니다. 한편 알파고처럼 특정 분야에 특화된 인공지능을, '약 인공지능'이라 부르죠. 그러나 이 한글 번역 표현은 좀 별로입니다. 알파고 같은 강력한 인공지능을 '약'이라 해서 별로인 것이 아니고, 원 영어의 의미를 잘 못 살려서 그렇습니다.

'강 인공지능'의 영어표현은 '아티피셜 제너럴 인텔리전스', '약 인공지능'은 '아티피셜 내로우 인텔리전스'. '제너럴general'과 '내로우narrow'입니다. 설명이 필요 없죠? '강'과 '약'의 차이가 아닙니다. 비록 알파고가 인간처럼 임기응변은 못하더라도, 특정 내로우한 영역에서는 인간의 평균 지능은커녕 최고의 전문가조차 훌쩍 뛰어넘는 강력함을 보여주니까요. 결국은 인공지능 개발의 두 방향이고, 확연히 길이 다른 두 분야라는 겁니다.

이렇듯 제너럴을 지향하는 것과 내로우를 지향하는 것은 다릅니다. 다르니 갈 길도 다르겠죠. 그래서 그렇습니다. 솔루션은 제너럴한 것입니다. 이런저런 경우에 두루두루 사용할 수 있으면, 그럴수록 우수한 솔루션입니다. 마치 '강'이라 부르는 인간의 커먼센스와 임기응변을 갖춘 인공지능처럼요. 반면에 서비스는 내로우한 것입니다. 특수특정 경우에 안성맞춤 제공할 수 있다면, 그럴수록 우수한 서비스입니다. 마치 '약'이라 부르는 전문기의 고차원 지식을 갖춘 인공지능처럼요. 그렇지 않습니까? 여러분 회사의 솔루션은 범용적일수록, 서비스는 특성적일수록 좋은 것입니다. 그 방향으로 만들어가야 합니다.

대다수의 기업, 특히 시스템이나 SW, 그리고 인공지능을 개발하는 기업들은 매번 고민에 빠집니다. 솔루션으로 갈지 서비스로 갈지, 아니면 범용적으로 갈지 특성적으로 갈지, 서로 다른 길 중 어느 길로 걸어갈지. 제한된 인력과 제한된 자본을 어디에 투여할지 선택의 기로에서 번민합니다. 그런데 오늘 소개해드릴 기업은 고민과 번민을 끝낸 듯 보입니다. 둘 다 가기로 했으니까요.

어떻게 그런 선택을 했나 싶죠? 믿기지 않죠? 미소정보기술은 원래 의료분야에 특화된 기술력을 보유하고 있습니다. 인공지능·빅데이터 전문기업이거든요. 서울대 병원, 연세대 의료원, 아주대 의료원, 한림성심병원, 울산대 병원 등 대학병원과 서울아산병원, 세종병원 등 전문 병원, 그리고 한국 보건산업진흥원, 건강보험심사평가원 등 공공 보건기관 등에 다양한 실적을 쌓았습니다. 서비스죠. '내로우'한 의료 도메인에 특화된 빅데이터 분석과 이를 통한 인공지능 개발에 강점을 보유한 것이죠. 그러다 솔루션에 눈을 돌립니다. 가지 않은 길, '제너럴'의 길로 말이죠. 물론 타협할 수도 있었습니다. 의료 서비스에 특화된 솔루션에 집중할 수도 있었습니다. 그러나 특정 영역에 특화된 솔루션보다는 더욱 범용의 솔루션에 매진합니다.

미소정보기술이 자랑하는 솔루션 '스마트 TA'는 특정 도메인에 국한되지 않습니다. 일상의 문장에 대한 다중속성을 추출하는 텍스트 분석(TA) 도구인데요. 음성 정보가 보통 98% 이상의 정확도로 텍스트로 변환되니, 결국은 음성과 문장을 불문한 모든 자연어의 속성을 추출할 수 있는 솔루션이 되는 거죠. 이제 이러한 범용 솔루션으로 제조, 건설, 금융, 통신 등 타 산업과 소셜 마케팅과 범죄 수사 영역에도 진출하고 있다 합니다. 덕분에 이제 인공지능·빅데이터 전문기업으로는 최대 규모로 성장하게 되었습니다.

말이 쉽지 '제너럴' 솔루션과 '내로우' 서비스를 다 갖는 것, 그러니까 두 길로 다 나아가는 것은 절대 쉽지 않습니다. 특히 중소벤처기업에게는요. 그러나 유난히 밝은 표정의 미소정보기술 안동욱 대표는 "미소의 뜻은 우리가 얼핏 생각하는 그 '미소'가 아닙니다."라고 미소 지으며 얘기하더군요. 제 추측으로는 아마도 작을 '미', 작을 '소'가 아닌가 싶습니다. 조금 더 생각해보자면 이 '내로우'한 표현이, '정보기술'이라는 엄청 '제너럴'한 표현과 교묘하게 어울리며 회사 설립 때부터, 회사 이름 작명 때부터 서로 다른 두 길을 모두 갈 것이라고 암시하지 않았나 싶네요.

이쯤에서 속내를 밝혀야 할 것 같군요. 갈 길이 다르다며, 서로 다른 길이라 했지만, 두 길은 만납니다. 강 인공지능과 약 인공지능, 그들의 진화가 서로 보완적이듯, 솔루션과 서비스의 진전도 보완적입니다. 서비스를 범용화하다 보면 솔루션이 구축되는 것처럼, 반대로 솔루션을 특성화하다 보면 서비스가 구현되니까요. 지금 여러분의 회사는 솔루션과 서비스 어디에 주안하고 있나요? 만일 한쪽에 치우쳐있다면, 다시 생각해보기 바랍니다. 가야 할 길은 분명 다릅니다. 그러나 그 길이 언제가 만난다면 한번쯤은 생각해볼 만하지 않겠습니까? 이제부터 두 길의 기로에서 무턱대고 그냥 양자택일하지 말길 바랍니다. 서비스를 범용화해보고, 솔루션을 특성화해보세요. 그런 솔루션과 서비스의 비즈니스 룰을 정립해보세요. 마치 미소정보기술처럼요.

끝내면서, 퓰리처상의 시인 시어도어 로스케의 말을 살짝 바꾸어보았습니다. '산의 계곡에서 마주친 여러 길은, 사실 산의 정상에서 보면 하나이다'.

Part 5

다 들어주는,
수용의 룰

27

아 유 오픈?

혹시 오늘 입고 있는 바지는 짧은가요? 긴가요? 달라붙게 또는 헐렁하게 입으셨나요? 어떻게 입는 걸 선호하세요? 어떻게 입는 게 트렌드고 패션인가요? 저는 샌프란시스코 인근에서 유학했는데 당시 처음 방문한 샌프란시스코는 충격이었습니다. 모두 옷을 제멋대로 입더라고요. 3면이 바닷가에 둘러싸인 만에 위치한 도시라, 여름에도 시원하다 못해 춥기도 하고, 겨울에는 따뜻하다 못해 덥기도 한 날씨입니다. 그래서 샌프란시스코에서 살면 4계절의 옷을 어느 하루 동안 다 입을 수 있다는 말이 있습니다. 그렇지 않아도 개인주의와 다양성의 가치가 드높은 미국, 그것도 캘리포니아 샌프란시스코이니 오죽했겠어요. 획일화된 유행만 접하던 저에게는요.

십수 년 전 도쿄 번화가 젊은이들의 옷차림도 충격이었습니다. 그러나 지금은 아닙니다. 이에 결코 뒤지지 않는 지금 우리 길거리의 다양한 패션과 자기표현에 전혀 놀랍지 않습니다. 이미 다양성이 확산된 사회니까요. 놀라운 것은 이제 따로 있습니다. 어떤가요? 불과 몇 년 사이 아닌가요? 우리 모두 남들의 취향을 그냥 인정하고 마냥 존중하게 되지 않았나요? 그러는 것이 맞고, 그래야 한다고 생각하게 되지 않았나요? 짧게 입건 길게 입건 달라붙든 헐렁하든 말입니다. 그렇습니다. '다양의 수용', 이것이 감히 시대정신이 되었습니다.

비즈니스는 기본적으로 상대를 수용하는 일입니다. 시장 환경과 고객 요구를 수용하고, 협력 환경과 직원의 욕구를 수용해야 합니다. 그런데 문제는 수용해야 할 요구와 욕구가 점점 더 다양해지는 것이죠. 게다가 근자에 비즈니스의 대세가 된 플랫폼에서는 이해관계자가 더욱 많아지다 보니, 관계의 이해는 더더욱 다양해질 수밖에 없습니다. 그럼에도 불구하고, 우리는 종종 반대로 갑니다. 다양의 수용, 이 대전제를 알면서도 반대의 방향으로 가기도 합니다.

'MZ세대'라는 말, 자주 쓰세요? 혹시 MZ세대라며 2030대를 통으로 묶어 마케팅했나요? 아직도 실버세대로 퉁쳐 묶어 상품 개발했나요? 기업이 상품을 개발하고 마케팅하려면, 정치가 표를 공략하려면, 전문가가 세태를 규정하려면, 통으로 묶어 퉁치는 것이, 묶인 그들의 특성을 획일화하는 것이 편합니다. 그러나 어떤 20대 자녀는 50대 부모보다 고집 세고, 어떤 30대 후배는 40대 선배보다 고루합니다. 그저 10년, 20년 단위로 사람을 묶어서 통칭하는 것이 과연 맞는 일일까요? 다양성이 다양성으로 증폭되는 시대입니다. '세대'라는 용어보다는 '시대'를 쓰세요. 이 시대에서 비즈니스의 이해관계자, 고객과의 이해관계를 다시 생각해보아야 하는 이유입니다. 이쯤에서 한 성장기업을 소개하도록 하겠습니다.

RULE MAKER #27 오픈놀

오픈놀OPENKNOWL이라는 회사가 있습니다. 이 회사의 권인택 대표는 대학 때 철학, 정치외교학, 영어영문학을 전공으로 이수합니다. 다양한 관심으로 다양한 관점을 견지한 것이죠. 그리고 입사한 대기업 인사팀에서 충격을 받습니다. 입사 면접장의 비슷한 스펙의 청년들이 모두 비슷비슷한 대답을 내놓는 것입니다. 분명 저마다의 관점으로 자신만의 고유의 가치를 견지하고 있을 텐데 말이죠. 오래전 샌프란시스코와 도쿄에서 저의 충격이 다양성의 목격에 기인했다면, 그의 충격은 내재된 다양성을 뒤덮은 획일성의 현실로 인한 것이었겠죠. 그래서 결심합니다. 다양한 이들의 다양한 자아를 찾아주는 일에 매진하겠다며, 오픈놀을 창업하게 됩니다.

오픈놀의 대표 서비스는 '미니인턴'입니다. 대표답게 오픈놀의 창업정신에 충실한 서비스로, 직무에 특화된 다양한 역량을 들여다보고, 이를 기반으로 인재와 기업을 연결해줍니다. 구체적으로는, 구직자들에게 채용 직무에서의 역량을 검증해 볼 수 있는 과제를 주고, 2주간 해결하는 성과를 채용 기업에게 제공하는 온라인 인턴십 과정입니다. 스펙으로 퉁치고 학벌로 통하는 획일적인 기준이 아닌, 개개인의 다양한 역량 특성을 최대한 끌어내어, 그것을 원하는 기업과 매칭시켜주는 서비스인 거죠. 이러한 다양한 역량을 매개로, 실질적인 구직자와 채용기업의 요구를 충족시켜준 덕분에, 누적 회원 수는 2019년 2만 5,000명에서 2022년 51만여 명으로 20배

이상 불어났고, '미니인턴' 프로젝트 기업 고객도 같은 기간 3,200곳에서 6,300여 곳으로 2배 가까이 늘어났다고 하네요.

당연히 오픈놀은 더 나아가고 있습니다. 신중년, 경력단절 여성(아, 근자에는 경력보유 여성이라 부르는 추세입니다), 또 은퇴 후 창업 준비자 등 폭넓은 대상을 위한 프로그램으로 확장하고 있습니다. 이러한 다양한 프로그램 개발도 모두 직원들의 다양한 의견을 전적으로 수용한 결과라 합니다. 하여간 외부고객도 수용하고 내부고객인 직원도 최대한 수용하고 있네요. '오픈놀'이라는 회사명은 'Open Knowledge'를 줄인 것이랍니다. 다양성, 다양성의 수용, 다양성의 수용을 위한 열린 마음, 열린 지식, 바로 이것이 오픈놀의 원칙이자 성공법칙이라 하겠지요. 200억 투자도 받고 최근 상장까지 하였으니, 더욱 크게 오픈할 일만 남았겠죠.

우리 한번 되돌아보죠. 당신은 얘기를 하는 편입니까? 듣는 편입니까? 대화의 주제가 당신 자신입니까? 아니면 상대에 대한 것입니까? 혹시 여러분은 상대를 이해하는 것보다 여러분을 상대에게 이해시키는 데 더 집중하고 있지는 않나요? 여러분의 기업은 고객을 이해하는 것보다 여러분 기업을 이해시키는 데 더 집중하고 있는 건 아닐까요? 고객을 이해 못 해 속상한가요? 여러분 기업을 이해 못 시켜 속상한가요? 저와의 대화 내내 상대의 입장, 고객의 입장, 그리고 직원의 입장을 수용하던 권 대표의 한마디가 기억에 남습니다. "흔히 세상을 바꾼다고들 하잖아요. 그게 아니더라고요. 내가 세상을 바꾸는 게 아니라 이 세상에 마침내 내가 받아들여지는 때가 있는 것 같아요. 그걸 깨달았어요."

사실 다양성을 인정하는 것은 나와 다른 것을 받아들이는 것입니다. 다른 것은 더 이상 틀린 것이 아닙니다. 다르니 관련 없다고 무관심할 것도 아닙니다. 다르니까 더 관심 갖고 호기심 가져야 합니다. 그러기 위해 활짝 마음 열고 맞이해야 할 대상입니다. 명심해야 할 비즈니스 룰이지요. 세상을 받아들이고 세상에 받아들여지고, 좋지 않습니까? 그러니 마지막으로 물어보겠습니다. 아 유 오픈?

28

고객의 욕구사항

이렇게 TV를 많이 보게 될 줄은 몰랐습니다. 정확히 말해서는 TV라기보다는 콘텐츠, 특히 영화와 드라마입니다. 영화는 원래 이래저래 많이 보지만, 드라마는 별로였는데 넷플릭스 한국 드라마의 눈부신 선전에 응원하지 않을 수 없더군요. 한동안 '오징어 게임'과 '지옥'이 상한가였지만, 그전에 '스위트 홈'도 있었습니다(최근에는 시즌2도 나왔고요). 아직도 기억에 남는 '스위트 홈'의 스위트하지 않은 메시지는 '인간은 욕망의 화신이다'라는 겁니다. 등장하는 괴물은 제각각입니다. 인간이 괴물로 변모할 때, 인간 시절에 품었던 제각각의 욕망이 극대화되는 형체로 드러납니다. 식탐하는 이는 입 큰 괴물, 운동광은 근육질 괴물, 대머리는 장발 괴물, 이런 식이죠. 우리 내면에 존재하는 욕망과 욕구를 여과 없이 보여줍니다. 과도한, 과다한 욕망을 품은 인간은 괴물과 다름없다는 사실을 보여줍니다. 그런데 말이죠. 꼭 그런가요? 인간 본연의 욕망이, 욕구가 잘못인가요? 지나치지만 않다면 괜찮지 않을까요? 과하지 않다면, 오히려 당당하게 욕망을 드러내고 정당하게 욕구를 주장하는 시기 아닌가요? 그런 건전한 고객의 요구사항을, 아니 고객의 욕구사항을 수용하고 편승해야 하는 시기 아닌가요?

고객의 요구사항보다는 욕구사항을 수용한 선도적인 기업은 이케아입니다. 저는 유학 시절부터 이케아의 고객이지만 따져보면 꽤씸합니다. 넓디넓은 매장을 안내하는 직원도 별로 없이 뱅글뱅글 돌아야 합니다. 가구를 골라도 끝이 아닙니다. 들고 가서 계산해야지, 다시 집으로 들고 가야지, 또 직접 조립해야지. 이케아는 처음부터 고객의 일반적인 요구사항을 들어줄 생각이 없었습니다. 대신 다른 것들을 줍니다. 일단 저렴합니다. 그만한 가격으로 북유럽 감성를 구매할 수 있게 해줍니다. 누군가는 이케아를 '성인을 위한 레고'라 표현했다지요. 고생스레 조립하며 성취의 욕구를 느낍니다. 많은 이들이

집 안에 세워둔 이케아 가구를 좋아하는 이유가 뭘까요? 그들이 직접 애써서 둘러보고, 운반하고, 조립한 가구이기 때문입니다. 에너지 드링크 레드불 하나 마시면서, '건전한 소비자'로서의 욕구를 채운 기억이 있기 때문입니다.

레드불도 그렇습니다. 레드불은 스포츠 마케팅으로 전 세계 170여 개의 국가에서 에너지 드링크를 판매합니다. 역동적이고 열정적인 인간의 육체 활동을, 그러한 도전을 응원하는 핵심가치를 판매합니다. 인간이라면 누구나 혈기 왕성한 몸과 열기 충만한 마음을 꿈꿉니다. 그러한 인간의 핵심욕구를 간파하여 파워와 에너지의 아이콘으로 등극하게 된 것이죠.

RULE MAKER #28 제페토

이제 메타버스의 선두주자 네이버제트**NAVER Z**의 '제페토'를 얘기하겠습니다. 메타버스 플랫폼, 제페토 얘기 많이 들어보았죠? 그러나 오늘의 얘기, 욕구 플랫폼 제페토는 금시초문일 겁니다. 제페토는 가상공간에서 3D로 구현된 아바타로 여러 활동을 즐기는 서비스입니다. 가상세계에서 구현된 가상현실입니다. 우리가 가상현실을 처음으로 접한 건 '매트릭스' 같은 영화에서였죠. 그래서 그런지 가상현실 하면 초기에는 현실과는 거리가 있는 초자연의 초생명체나 초인간의 초능력이 연상되곤 했지요. 신기하지만 현실과는 괴리가 있는, 그만큼은 현재의 우리와는 동떨어진 느낌, 범접할 수 없는 느낌이랄까요. 그러나 가상현실에서 이름을 갈아탄 메타버스는, 이름을 드높인 제페토는 다릅니다. 손에 잡히는 현실입니다. 가상이긴 하지만요.

제페토의 세계관은 지금 바로의 현실입니다. 집과 학교, 동네와 가게, 쇼핑몰과 공연장, 한강 공원과 둔치까지. 등장하는 아바타는 말 그대로 자기 자신입니다. 얼굴인식기술로 구현한 나를 닮은, 또 다른 나입니다. 아바타의 여러 활동은 모두 현실의 활동과 별반 차이 없습니다. 가상이지만 현실이지요. 그러나 한끗 다릅니다. 엄청 사교적입니다. 관계에 적극적입니다. 마음껏 교제하고 어울립니다. 현실에서는 그러지 못해도요. 현실에선 가지 못한 곳을 여행하고, 사지 못한 것을 쇼핑합니다. 마음대로 먹고, 마음대로 꾸밉니다. 현실에서 채우지 못한 욕구를 채웁니다. 손에 잡힐듯 잡히지 않았던 욕구를 채우게 됩니다.

사기꾼의 비장의 기술이 뭔지 아세요? 거짓을 사실에 교묘히 끼워 넣는 것입니다. 사실과 큰 차이 없는 거짓을 섞고 엮어, 거짓 또한 사실로 둔갑시키는 재주죠. 그것으로 욕구를 자극하여 사람들을 홀리는 것입니다. 현실과 큰 차이 없는 가상을 섞고 엮어, 가상 또한 현실로 둔갑시킵니다. 그것으로 욕구를 자극하여 사람들을 몰리게 하는 것입니다. 공허한 공상과학이 아닙니다. 허무맹랑한 허상이 아닙니다. 현실에, 현실의 욕구에 입각한 가상의 현실입니다. 과다한, 과도한, 괴물 되는 수준의 욕구가 아닙니다. 그것이 메타버스와 제페토가 멀게만 느껴졌던 가상현실과 다른 점입니다. 김대욱 네이버제트 대표는 말합니다. "이용자들이 상상하는 것은 무엇이든 가상공간 안에서 만들어내고, 그것을 세상의 모든 사람과 함께 즐길 수 있도록 하는 것이 제페토의 미션입니다." 그렇다면 명확합니다. 세상의 모든 사람과 함께 즐길 수 있는 상상은, 욕구는 공허하지도 허무맹랑하지도 않아야 합니다. 가상이지만 현실적이어야 합니다.

아참, 그거 아세요? 지금은 네이버제트로 분사했지만, 제페토는 ㈜스노우에서 만든 서비스라는 것을요? 사진 찍으면 뽀얗게, 보정되어 나오는 스노우 앱 만든 회사입니다. 분명 나긴

나인데, 살짝 더 나은 나의 모습이 나옵니다. 스노우는 한끗 다른, 더 나은 나에 대한 욕구를 채워주는 서비스죠. 제페토의 출신성분이 쉽사리 이해되는 대목입니다.

프로이트를 계승한 프랑스의 정신분석학자 자크 라캉은, "필요는 충족될 수 있지만, 욕구는 충족될 수 없다."라고 했습니다. 여러분 회사가 제공하고 있는 제품과 서비스는 고객에게 필요한 것이겠죠. 그렇다면 한번 물어보겠습니다. 필요가 충족되면 고객은 떠나지 않을까요? 당신이 제공하는 가치가 상대에게는 필요인가요, 아니면 욕구인가요? 필요라면 언젠가 떠나지 않을까요? 욕구를 자극하는, 그것도 아주 현실적인 욕구를 끌어내는 무언가를 만들어내야 합니다. 고객 요구사항이 아닌 고객 욕구사항, 레드불 한 캔 들이키며 생각해보기 바랍니다.

• 29 •
선택과 집중은 항상 옳은가

잠깐 비행기로 하는 공중전 연상해보시겠어요? 아군의 전투기는 50대이고 비슷한 성능의 적군 전투기가 40대입니다. 그렇다면 전투결과는 어땠을까요? 아군 전투기는 몇 대가 남았을까요? 50-40, 10대인가요? 얼핏 상식적으로는 그렇습니다만, 확률 높은 답은 30대입니다. 다소 복잡한 수식($\sqrt{(50^2-40^2)}=30$)으로 설명되는 이것을 란체스터 법칙이라 합니다. 전쟁에서 전력상 우세군은 사실 압도적으로 우세한 것이고 열세군은 사실 단순 수치 이상으로 열세하다는 것을 의미하는 법칙입니다. 전략이라는 말 자체가 전쟁에서 왔듯이, 경영전략에서도 이는 통용되고 있습니다. 경쟁에서 이기고자 하는 곳에는 우세해야 하고, 그러기 위해서는 집중해야 합니다. '선택과 집중'이죠. 이는 불문율과 같습니다. 경쟁우위를 위한 차별화를 위해서 기업은 선택하고 한정된 자원을 집중하여 투자합니다. 누구나 인정하는 철칙이죠. 하지만 꼭 그럴까요? 지금의 세상에서 무조건 수긍해야 하는 룰일까요?

'선택과 집중'과 전혀 다른 맥락으로 '선택의 폭'이라는 표현이 있습니다. 선택의 폭이라고 하니 생각나는 사례가 있습니다. 제가 몸소 체감한 사례입니다. 1980년대 후반 일본의 자동차산업은 정말 대단했습니다. 자동차가 국민의 생활 자체이자 자동차산업이 국가의 대표산업이었던 미국의 동부와 서부의 고속도로에는 일본차로 가득 채워져 있더군요. 그러나 정작 미국인의 자존심을 여지없이 짓밟은 일본 자동차는 싸고 품질 좋은 대중차가 아니었습니다. 도요타의 캠리나 코롤라가 아니라, 렉서스였습니다. 1989년 렉서스가 출시되자, 저가의 저급한 차라며 애써 일본차를 폄하하던 미국인, 미국 자동차산업의 콧대가 무참하게 꺾여진 것이죠. 도요타는 렉서스, 닛산은 인피니티, 혼다는 아큐라라는 고급차라인을 시장에 내놓으며 선택의 폭을 강조합니다. 대중차든 고급차든 자신들의 차에 해답이 있다며 고객들을 붙들어 맵니다.

선택과 집중은 공급자인 기업의 용어입니다. 기업이 선택하고, 기업이 집중합니다. 그러나 선택의 폭은 수요자인 고객의 단어입니다. 같은 '선택'이지만 선택하는 주체는 엄연히 반대입니다. 요새와 같이 고객이 주도적인 시대에, 완벽하게 차별화된 제품을 만들어내기는 어려운 세상에서, 그렇다면 '선택과 집중'과 '선택의 폭' 중에서 정녕 곱씹어 봐야 하는 것은 무엇일까요. LG전자의 효자 사업군은 가전입니다. 일찌감치 부품과 생산라인의 모듈화를 구현하여 해외 각국 소비자의 특성에 맞는, 그들만의 선택의 폭을 주는 가전제품을 빠르게 제공한 데에서 성공의 비결을 찾을 수 있습니다. 삼성전자도 고객의 선택에 따라 다양한 조합이 가능한 비스포크 냉장고로 가전부문의 열세를 만회하고 있습니다.

RULE MAKER #29　마드라스체크

산업화 시대의 최고 산업, 자동차업과 가전산업이 그러한데, 최고로 무게감과 덩치가 있는 자동차와 냉장고가 그러한데, 여러분의 제품과 서비스가 '선택의 폭'을 늘리지 못할 이유가 있을까요? 최근 고속 성장을 하고 있는 한 회사의 얘기를 들어보면서 생각해보세요. 회사명은 마드라스체크^{Madras check}, 이들의 제품은 '플로우'라는 협업솔루션입니다. 회사의 업무를 공유하거나 회의, 파일전송, 공지, 채팅 등 비대면 협업에 필요한 전 과정을 돕는 툴이니, 대충 요사이 얼마나 잘나가는지 감이 오죠?

플로우의 성공요인으로 간편한 사용자환경과 친숙한 SNS식 커뮤니케이션 방식을 많이들 꼽습니다. 하지만 진정한 요인은 따로 있다고 봅니다. 경쟁제품인 미국의 슬랙이나 MS의 팀스는 모두 클라우드 방식입니다. 그러나 아직도 많은 대기업이나 금융기관들은 이런저런 이유로 자체적으로 보유한 전산 서버에 직접 업무 솔루션을 구축하고자 하죠. 이른바 온프레미스^{On-Premise} 방식인데요. 플로우는 온프레미스를 빠르게 구축할 수 있게 개발됐습니다. 물론 클라우드 방식도 가능하고요. 마드라스체크의 이학준 대표는 강조합니다. "우리가 제공하는 솔루션에도 고객의 선택이 가능해야 합니다. 우리는 그렇게 플로우를 개발했습니다."라고요.

플로우는 타사의 솔루션과도 연동하는 것에 주력하고 있습니다. 이를테면 알서포트의 화상회의 시스템을 플로우 내에서 구동할 수 있게 말이죠. 고객에게 끊임없이 선택의 폭을 넓혀주는 겁니다. 이렇듯 플로우는 적절한 선택의 폭을 가늠하여, 이를 고객에 제공하는 대가로 사용자가 급증하고 있습니다. 이미 1,000개 넘는 기업이 플로우를 도입했으며 매월 100개 가까운 회사가 신규 가입하고 있다 하네요. 게다가 해외시장을 겨냥한 각 국가의 언어를 지원하는 글로벌 버전의 '모닝메이트'까지 출시하여, 나스닥 상장 목표에 차근차근 다가가고 있습니다.

'양수겸장'이라는 말 아시죠? 장기나 체스에서 기물 또는 피스가 동시에 장군 혹은 체크를 하게 되는 상황입니다. 즉, 하나의 표적에 대해 두 방향, 두 방안으로 공략해가는 것을 말합니다. 도요타는 대중차와 고급차로, LG전자는 모듈생산으로, 삼성전자는 다양한 옵션의 냉장고로 고객에게 선택의 폭을 주었습니다. 고객의 입장과 요구에 부응하는 선택의 자유를 준 듯하지만, 실상은 아닙니다. 자사의 제품 내에서 선택의 기회를 주었지만, 실제는 타사의 제품으로 옮겨가는 선택을 박탈하고자 합니다. 여러 방향으로 고객을 체크하고, 여러 방안으로 고객을 공략하고 있는 것이죠.

우리가 선택과 집중을 하는 이유는 제한된 기업의 역량과 자원 때문입니다. 그럴 수밖에 없기도 합니다. 그러나 무조건 옳지는 않습니다. 부지불식간에 고착화된, 흔들리지 않는 룰로 받아들이면 안 됩니다. 이제는 그런 세상이 아니니까요. 여러분, 양수겸장 어떻습니까? 2가지 정도의 옵션으로, 두 방향 정도로 고객과 시장을 공략해야 진정한 차별화가 이루어지지는 않을까요? 마드라스체크의 플로우처럼요.

역지사지 성공 법칙

'하늘만 허락한 사랑'이라는 가요가 있습니다. 왜 하늘만 허락했을까요? 가사를 들어보면 알겠지만, 친구의 남자를 빼앗은 여자의 노래입니다. 그로부터 4년 후에 같은 가수가 '나눌 수 없는 사랑'을 발표합니다. 이 노래는 반대로 친구에게 남자를 뺏긴 여자의 입장이더군요. '나눌 수 없는 사랑'에는 이런 가사가 나옵니다. "하늘 아래 그대와 난 똑같은 여자잖아요." 똑같은 여자이지만 입장은 상극입니다. 비즈니스란 기본적으로 이해관계자들의 이해관계입니다. 이해와 입장이 다른 이들과의 관계인 것이죠. 플랫폼 시대에서, 이해관계자는 더욱 다양해지고 그들 간의 이해관계는 더욱 복잡해졌습니다. 다양하고 복잡

해진 입장의 차이를 극복하고 또 조화를 이루려면 어떻게 역지사지를 해야 할지, 어떠한 역지사지 룰을 만들지가 관건이 되겠네요.

근자에는 비행기를 탄 적이 별로 없지만, 한번씩 타게 되는 비즈니스석은 여유롭습니다. 대략 이코노미석 가격의 2배이니 그 정도는 해야죠. 자연스레 항공사들은 이코노미석을 좁혀가며 돈 되는 비즈니스석을 늘려갑니다. 싱가포르 에어라인도 추세를 따르기는 합니다만, 이들 비행기의 이코노미석은 약간의 여유가 느껴집니다. 의자의 쿠션을 줄여 가로세로 약 5cm씩 넓혔거든요. 고객의 입장으로 생각한 것입니다. '푹신한 좁음'보다는 '딱딱한 넓음'을 선호하리라 생각한 것이죠. 이러한 역지사지 정신으로 싱가포르 에어라인의 이코노미석은 세계 항공사 평가에서 매년 1, 2위에 오르고 있습니다.

기업이 고객을, 고객의 입장을 생각하는 것은 당연한 일입니다. 그럼에도 그것이 그리 쉽지만은 않은 이유는 무엇일까요? 기업의 전략, 사업계획과 기획은 모두 기업이 보유한 자원을 기반으로 진행하는 것들입니다. 구조적으로 '우리가 잘할 수 있는 것이 무엇인가?'가 '고객이 원하는 것이 무엇인가?'

에 앞선다는 얘기죠. 다국적 의료기기 업체인 메드트로닉
Medtronic은 신제품을 개발할 때, '우리 머릿속에서 나온 아이디
어는 쓰지 말자' 하고 선언합니다. 4만 5,000명에 달하는 직원
의 아이디어는 쓰지 않고 굳이 외부 전문가에 의존하는 연유
는 다 이러한 기업의 구조적 속성을 회피하자고 그러는 거겠
지요.

아, 기업이 역지사지해야 하는 이해관계자는 고객만이 아
닙니다. 흔히 내부고객이라 말하는 직원도 해당됩니다. 삼성
전자 권오현 고문은 재임 시 개발 부문과 제조 부문이 부서 이
기주의로 서로를 힘들게 할 때, 전격적으로 두 부문의 책임자
를 교차 배치합니다. 입장을 바꿔 보는 게 아니라 아예 입장을
바꾸게 한 거죠.

RULE MAKER #30 　마이뮤직테이스트

이제 태생부터 역지사지로 점철된 기업 하나 소개해드리겠습
니다. 영국의 한 록밴드 광팬인 남성은 매년 실망하기를 반복
합니다. 바로 옆 일본에는 수차례 방문 공연을 하는데, 한국만

빠지는 게 못내 아쉬웠습니다. 그러다 생각하죠. 공연기획사나 에이전시를 통하지 않고 차라리 팬들이 힘을 합쳐 공연을 열어달라고 하면 어떨까. 그만한 팬심과 팬덤을 보여주면 어떨까. 그러면 관심갖고 오지 않을까. 이런 생각 말입니다. 마이뮤직테이스트MyMusicTaste의 CEO 이재석 대표의 얘기입니다. 마이뮤직테이스트, '나의 음악 취향'이라는 이름만 봐도 알 수 있듯이 철저히 팬, 공연 수요자, 고객의 입장에서 출발한 것이죠.

마이뮤직테이스트, 일명 '마뮤테'는 팬 기반 공연 기획서비스입니다. 2011년 설립 이후 37개 국가, 58개 도시에서 500회 이상의 공연을 진행했으며, 그들의 플랫폼을 전 세계 100여 개 이상 국가에서 270만 명 이상의 이용자를 보유하고 있습니다. 코로나 기간에도 온라인 공연 기획, 비대면 팬사인회, 아티스트 상품 판매 등으로 매출이 상승했고 2021년 처음으로 흑자전환에 성공합니다. 이재석 대표는 힘주어 말합니다. "1,000명의 팬이 요청해 만들어낸 공연에는 5~6,000명의 함성이 나지만, 초대권이 1,000장 뿌려진 공연은 3,000명이 앉아 있어도 함성은 5~600명 수준입니다." 고객이 만들어낸, 고객의 입장에서 출발한 공연은 분위기가 차원이 다르다는 겁니다. 물론 아티스트도 더욱 들뜨고 즐거우니 양쪽 모두에게 잊지 못할 공연으로 남게 되겠죠.

　이러한 역방향기획은 시장의 불확실성 해소에도 큰 도움을 줍니다. 공급자 중심의 기획은 시장을 오판할 수 있는데, 코로나 같은 팬데믹 이슈가 아니더라도 대형 아티스트의 공연도 10개 중 하나 정도는 취소된다고 합니다. 그러나 이러한 역지사지 기획은 그럴 경우가 드뭅니다. 실제로 마뮤테는 도시별, 연령대별, 월별로 아티스트별 티켓 판매에 대한 데이터 분석에 집중하고 있습니다. 데이터에 입각한 철저한 수요예측과 공연개최가 마뮤테의 최고 강점인 셈이죠. 마뮤테의 공식 유튜브에는 아티스트들의 영상메시지가 있습니다. 그들이 팬들을 향해 외치는 메시지는 이겁니다. "어디에 계신지 알려주세요. 그러면 우리가 공연하러 갈게요." 마냥 기다리기만 하던 한 팬의 간절함이 이끌어 낸 역지사지 성공법칙에 화답하는 외침입니다.

　교보문고 광화문점에 가서 책 읽어본 적이 있나요? 이렇게 금싸라기 땅에 서점을 열고, 거기에 고객들이 책을 읽을 수 있는 공간까지 널찍하게 만들어줍니다. 심지어 쿠션도 푹신합니다. 과연 수익은 날까? 책을 사지도 않고 읽고 가는데, 책은 많이 팔릴까? 이런 의구심이 들지 않았나요? 교보문고 창업자 신용호 회장은 책을 오래 읽고 있어도, 이것저것 빼보기만 하고 사지 않아도 눈총 주지 말라고 했습니다. 심지어 책을 훔쳐 가도 절대 도둑 취급하지 말고 남이 보지 않는 곳으로 데려가 좋은 말로 타이르라고 했다 합니다. 서점은 '책을 파는 곳'이 아닌 '책을 읽는 곳'이라는 신념에서입니다. 기업으로서 '파는' 것이 아닌 고객으로서 '읽는' 것이라는, 그러한 역지사지의 표본입니다. 그리고 교보문고가 '편하게 책 읽을 공간'으로 개편하면서 그해 말부터 꾸준한 성장세를 보이고 있다 하네요. 방문체류하는 고객 숫자가 늘어나며 문구, 액서서리 등의 매출이 동반 상승한 결과입니다. 그러니 걱정 안 하셔도 됩니다. 대신 말만 쉬운 '역지사지 성공의 룰'을 고민해보세요.

이중인격도 괜찮아요

비즈니스하다 보면 트집 잡기 어려운 말들이 있습니다. 왠지 불변의 진리인 듯하여 그냥 받아들이고야 마는 말들, 이를테면 '기본에 충실하자', '본질에 충실하자', '쓸데없이 눈 돌리지 말고, 하던 대로 하던 것 잘하자' 이런 것들이죠. 장인정신과 핵심 역량, 심지어 정체성까지 내세우며 다각화와 신사업 의욕을 잠재우곤 하죠. 비단 사업뿐이겠습니까. 교수하던 사람이 방송하고, 방송하던 사람이 정치하고, 정치하던 사람이 교수하면, 일단 의심의 눈초리를 보냅니다. '하던 거나 잘하지' 하며, 기본과 본질을 벗어난 외도로 일갈하는 거죠. 그러나 한번쯤은 생각해 볼 일입니다. 그 기업의 기본이 뭐죠? 그 사람의 본질이 무엇인

다 들어주는, 수용의 룰 219

가요? 하던 대로 하던 것이 꼭 기본이었고 본질이었다고 호언할 수 있을까요? 해왔던 일과 보여주었던 모습이 꼭 그 기업과 그 사람의 실질적 정체였다고 장담할 수 있을까요? 좀 다양하면 안 될까요? 이중적이면 안 될까요? 아니, 그게 꼭 이중적이라고 말할 수 있을까요?

기업의 정체성이라면, 브랜드죠. 기업은 모두가 알고 기억하는 자사만의 강력한 브랜드를 원합니다. 일단 획득한 브랜드를 지키기 위하여 고심합니다. 현대차 그리고 기아차 같은 멀티 브랜드, 현대차 내의 제네시스 같은 서브 브랜드 등을 둘 때도 기존에 확보한 브랜드의 정체성에 해를 끼치지 않으려 노력을 아끼지 않습니다. 무슨 제품이면 무슨 회사, 무슨 서비스면 무슨 브랜드의 칭호를 생명과 같이 지키고 아끼는 거죠. 그런데 이번에는 그토록 또한 지키고 아끼는 고객의 관점으로 생각해볼까요?

고객, 특히 성장하는 젊은 세대들은 정체성에 그다지 목매지 않습니다. 경제적인 이유로 직장이 끝난 후 다른 잡을 갖습니다. 사회적인 이유로 전공 이외에도 다른 취미를 찾습니다. 이중적이고, 때론 다중적인 자신의 모습을 몸소 체험하고 있는 거죠. 상당한 시간을 게임과 영상에 쏟습니다. 게임에서는 주로 사용하는 캐릭터인 '본本캐'로는 충족하지 못한 욕구와 활동을 위해 '부剖캐'를 지정합니다. 영상에서는 펭수와 펭수의 실제 인물, 유산슬과 유재석, 김다비와 김신영을 구분 짓습니다. 실제는 같은 인물이지만, 이쯤의 이중성은 개의치 않습니다. 시장점유율보다 시간점유율이 중요하다는 말 들어보았나요? 공급자 기업은 일관된 브랜드의 일관된 제품과 서비스로 시장을 점유하려 합니다. 그러나 수요자 고객은 관심 없습니다. 정체되어 있는 그깟 정체성쯤은 상관없습니다. 대신 자신의 소중한 시간을, 다양한 욕구를 채워주는 그 무엇에 열광하는 것이죠.

지난 2021년 캔맥주의 스타는 곰표였습니다. 곰표 밀맥주는 알아도 곰표 밀가루는 모르고, 곰표는 알아도 70년 넘는 밀가루 제분기업 대한제분은 모르는 사람 많습니다. 그래도 '밀'이라는 기본과 본질이 있지 않냐구요? 곰은 이제 맥주뿐 아니라 막걸리, 떡볶이, 아이스크림과 핸드크림, 모자와 패딩에도 등장합니다. 설마 이 모든 곰표가 다 밀가루가 주라고 생각하진 않겠지요?

RULE MAKER #31 카카오모빌리티

그러나 무엇보다도, 어떤 기업보다도 우리 생활에 밀접한 이중적인 기업은 카카오입니다. 이중적을 훨씬 넘어간 다다중적입니다. 우리가 카카오로 문자나 주고받던 시절, 카톡으로 택시 부르고 뱅킹할지 어찌 알았겠습니까. 게임은 그렇다 치더라도요. 국민 SNS에서 국민 택시호출서비스가 됩니다. 단순히 SNS와 택시만 놓고 보면 연결이 바로 되지 않습니다. SNS 메신저의 정체성을 지키려면, 하던 것을 하자면, 음성인식이나 영상 전송, 좀 더 보태자면 쇼핑이나 게임 정도로 확장하는 것이겠죠.

그러나 그들은 생각합니다. 시간점유율을 고려합니다. 사람의 시간은 수면과 식사 등의 필수시간과 미디어와 문화 활동 등의 여가시간, 그리고 의무시간, 노동, 학습, 이동 등으로 구성됩니다. 이들 대부분에 대한 모바일 서비스가 존재하지만, 유독 의무적인 이동시간에 대한 서비스가 없다는 것에 주목하죠. 하루 평균 1, 2시간을 소모하는 중요한 활동인데 말이죠. 그런 후, 당시 우리나라의 지도 데이터를 가장 많이 보유한 '다음'을 인수합니다. 길 찾기도 해야 하니 '김기사'도 인수하고요. 이것으로 SNS와 택시는 연결되고, 국민 90%가 쓰는 SNS에서 80%가 쓰는 카카오택시가 탄생하게 된 것입니다.

무엇이 정체성일까요? 어디까지가 기본이고 어디까지가 본질일까요? 밀과 밀가루로만 보자면, 곰표 패딩과 모자가, 곰표 아이스크림과 핸드크림이 팔릴 이유가 없습니다. 그러나 한 꺼풀 밑의 소소한 감성, 투박하고 우직한 곰의 레트로 감성으로 연관하지 못할 제품은 없습니다. 소통의 관점으로 SNS와 연관하지 못할 O2O 서비스는 없습니다. 이중적으로 보이고, 다중적이라 느끼지만, 알고 보면 한 꺼풀, 한 겹 밑에서는 연결되어 있는 것 아닐까요? 그곳에 진정한 정체가 숨어 있지는 않을까요? 카카오의 김범수 의장은 "새로운 사업을 하면서 기존 세력과의 충돌은 불가피하다. 카카오택시에서 그랬듯이 기존 사업자들과 최대한 협력할 것이다."라고 강조합니다. 말은 그렇게 하지만, 분명 그의 마음속에는 이미 연결되어 있는 카카오톡과 새로운 사업의 충돌은 없었을 겁니다. 그러니 자신 있게 기존 사업자들과 최대한 협력하겠다고 하는 것이겠죠. 한번 지켜보자구요.

우리는 상반된 두 특성을 보유한 사람을 '이중적이다, 야누스적이다'라고 하며 차가운 시선을 보냅니다. 야누스는 로마 신화에 나오는 문門의 수호신입니다. 그래서 그런지 모든 일의 시작을 관장하는 신으로 묘사한답니다. 근자에는 전혀 상관없고 연관하기 어려운 것들을 연결하는 창의적 프로세스에 요긴한 사고능력을 지칭하는 명칭으로 사용하기도 하고요. 어떻습니까. 지금 하고 계신 일, 그동안 해왔던 일의 기본과 본질은 무엇입니까? 그간 지켜왔던 브랜드의 정체성은 무엇입니까? 혹시 그것 때문에, 그에 대한 과도한 집착 때문에 새로운 시장, 아니 새로운 고객의 시간을 점유하는 데에 곤란을 겪고 있지는 않습니까? 괜찮습니다. 이중인격이라도 괜찮습니다. 이중이 아닐지 모르고, 설령 그렇다 하더라도 괜찮습니다. 어차피 그런 세상이니까요.

32

질문 하나면 된다

이미 올드한 영화가 된 박찬욱 감독의 '올드보이'에는 전혀 올드하지 않은 대사가 나옵니다. "당신의 실수는 답을 못 찾은 게 아냐! 자꾸 틀린 질문만 하니까 맞는 대답이 나올 리가 없잖아. '왜 이우진은 오대수를 가두었을까?'가 아니라 '왜 풀어주었을까?'란 말이야. '왜 이우진은 오대수를 딱 15년 만에 풀어주었을까?'란 말이야." 극 중 오대수를 15년이나 감금했던 이우진이 오대수에게 핵심을 찌르는 질문을 하라고 다그치는 장면입니다. 본인의 이름풀이를 '오늘만 대충 수습하며 살자'라고 이죽거리는 오대수에게는, 15년 각고의 세월 후에도 정곡을 찌르는 질문은 어려웠나 봅니다.

그러나 만일 우리의 삶에, 우리 기업의 비즈니스에 엄청난 변화와 기회를 선사하는 질문이 존재한다면, 그저 영화의 한 대사로만 흘려보내겠습니까? 오늘만 대충 수습하며 살지 않는, 절대 그럴 수도 없는 우리로서는 그 핵심의 질문을 찾아보고 따져봐야 하지 않을까요? '핵심을 찌르는 질문만 생각해낸다면 나머지는 의외로 간단하다'라고 일론 머스크는 말했습니다. 질문, 핵심 질문, 딱 하나의 핵심 질문, 이번 주제입니다.

인류 현대사에 가장 큰 영향을 미치고 있는 것은 뭐니뭐니 해도 기술의 발전입니다. 수많은 기술 중에서도 단연코 왕좌를 차지하고 있는 것은 컴퓨터이고요. 컴퓨터 없는 인류의 역사는 과연 어떤 것이었을까요. 그렇다면 인류 현대사의 최고의 질문은 역시 앨런 튜링의 질문이라 하겠죠. '인간과 같이 생각하는 기계를 만들 수는 없을까?'입니다.

거창하게 인류의 역사를 들먹였지만, 일상의 비즈니스 세계에서도 획을 그은 질문이 많습니다. 특히나 스타트업은 바로 이러한 획기적인 질문을 기점으로 기존의 산업 경쟁체제의 판도를 바꾸며 성장합니다. '오늘 음식을 주문하면 내일 아침 식사 전에 받아 볼 수 없을까?'로 마켓컬리가, '배달 안 하는 맛집 음식을 배달시켜 먹을 수는 없을까?'로 배달의민족이, '소액을 무료로 송금할 수 없을까?'로 토스가, '동네에서 편하게 중고거래를 할 수 없을까?'로 당근마켓이 두각을 나타내었습니다. 이들 스타트업은 아주 현실적이고 매우 구체적인 질문을 떠올리며, 이들 질문에 정확하고 명확한 답을 하면서 시장을 혁신하여 지금의 자리에 등극하게 된 거죠. 어찌보면 구체적인 질문과 명확한 답, 이만한 비즈니스의 성공법칙도 없는 것 같습니다. 자, 성장하고 있는 또 하나의 기업을 살펴보면서 성공의 룰을, 질문의 힘을 새겨 보겠습니다.

RULE MAKER #32 고피자

고피자GOPIZZA의 임재원 대표는 햄버거와 피자 매니아입니다. 특히 맥도날드 햄버거를 사랑했다고 하지요. 그러면서 일생일대의 질문을 하게 됩니다. '피자도 햄버거처럼 혼자 빨리 먹을 수는 없을까?' 1인용 화덕구이 피자, 고피자의 탄생 질문입니다. 피자는 원래 패밀리 푸드입니다. 큰 피자 한 판을 가족들이, 친구들이 모여 앉아 먹는 음식이죠. 그러나 꼭 1인 가구가 아니더라도, 혼자 피자를 즐기고 싶은 사람들은 충분히 있습니다. 또 대학가, 학원가, 직장 밀집 지역에서 짧은 휴식시간에 피자를 먹고 싶은 이들도 충분히 많습니다. 그렇다면 빨라야죠. 임 대표가 푸드트럭으로 사업을 시작하며 매달린 숙제였습니다. 그리고 피자 매니아라했죠? 그러니 당연히 맛도 중요했겠죠? 결국 피자의 겉은 익으면서 속의 수분을 지키는 직화, 즉 화덕구이 방식을 채택합니다. 머스크의 말처럼, 이제 나머지는 간단합니다. 그런 화덕을 만드는 것이죠. 임 대표는 주물 제작자와 2주간 숙식을 함께하며 고피자 전용 1인용 화덕을 개발합니다. 드디어 자신과 고피자의 일생일대 질문에 답을 내놓은 셈이죠.

고피자의 성장이 이어지면서 또 하나의 질문을 던집니다. '고피자의 가맹점을 촘촘히 늘리지 않고도 고피자 프랜차이즈가 수익을 낼 순 없을까?' 프랜차이즈 사업이 수익을 내려면 가맹점을 계속 모집해야 하나, 그러면 상권이 겹치는 기존 가맹점에게는 피해가 되는 상황을 우려한 것입니다. 그리곤 답을 내놓죠. '해외로 진출하자'. 고피자는 사업 초기에 해외로 눈을 돌립니다. 인도에 매장을 냈고 베트남과 홍콩에 진출하고 있습니다. 2023년에는 싱가포르 창이공항에도 매장을 오픈했다죠. 그러면서 말합니다. "고피자는 3년 후 전체 매출의 80~90%를 해외에서 달성하고 있을 거예요." 실제로 현재 고피자는 국내에 13개, 해외에 55개 매장이 있으며, 전체 매출의 40%가 해외에서 발생하고 있습니다. 영국 〈파이낸셜타임스〉가 선정한 2022년 아시아태평양지역의 고성장 기업으로 선정되었으니 믿어보시죠.

사실 정말로 하고 싶었던 얘기를 아직 하지 않았습니다. 지금까지 참고, 하지 않았습니다. 핵심 질문, 하나의 핵심 질문, 그 질문의 핵심은 무엇이었을까요? 그냥 던지는 질문이 아닌, 핵심을 갖춘 질문의 요체는 무엇이었을까요? 바로 '고객'입니다. 고객의 관점에서의 질문입니다. 그것이 질문의 핵심입니다. 단 하나의 질문이 일생일대의 질문이 될 수 있는 핵심입니다.

마켓컬리, 배달의민족, 토스, 당근마켓의 질문을 되돌아보세요. 피자를 사랑하는 임재원 대표의 질문을 곱씹어 보세요. 고피자의 두 번째 질문도 가맹고객의 입장에서입니다. 모두내 기업이 아닌 고객의 입장입니다. 왜 스타트업과 경쟁하는 대기업이 종종 고전을 면치 못할까요? 스타트업은 고객의 불편과 고충에서 스타트합니다. 이를 해결하는 제품과 서비스를 고민합니다. 반면에 대기업은 다릅니다. 이미 확보한 기업의 자원과 기설정된 전략적 방향에서 출발합니다. 이미 존재하는 것을 기반으로, 수요자가 아닌 공급자의 관점으로, 신산업과 신사업에 뛰어드는 것이죠. 그 차이로 대기업이 골리앗이 되고, 스타트업이 다윗이 되는 셈이죠.

여러분은 어떤 질문을 갖고 계신가요? 그 질문에 답하기 위해 동분서주 불철주야 노력하기 전에, 잠깐 멈춰서서, 그 질문 다시 한번 생각해보지 않으렵니까? 과연 핵심인지, 충분히 고객의 입장인지, 그래서 단 하나의 질문으로 충분할 만큼 핵심인지, 그리하여 일생일대의 질문이 되고 있는지 말입니다.

33

미션, 없어서는 안 될

누군가 당신의 꿈이 무어냐고 묻습니다. 그때 당신이 금전적인 수치나 개인적인 안위에 국한한 걸 말한다면, 상대는 입을 다물 겁니다. 딱히 반대하는 건 아니지만 더 할 얘기는 없으니까요. 반면 고상한 얘기가 당신의 입에서 흘러나와도 상대는 역시 입을 다물 겁니다.

그렇지만 다르겠죠. 상대의 다문 입안의 속마음에는, 두 경우에 전혀 다른 생각이 스쳐 갈 것입니다. 유일한 관건은 당신이 보여준 고상함을 상대가 마음으로 믿느냐는 것인데, 그래서 강조하고 싶습니다. 당신의 고결한 꿈을 글로 쓰고 읽어야 합니다. 때론 외쳐보기도 해야 합니다. 그래서 그것이 당신에게 자연스레 내재화되었다면 상대는 믿을 것입니다. 안 그렇다면, 상대가 믿고 말고는 아예 중요하지도 않을 것입니다.

어떻습니까, 여러분? 여러분 기업의 꿈은 무엇입니까? 아무리 기업이 이익집단이라 해도, 제아무리 주주와 구성원의 현실적인 이권을 도모하는 조직이라 하더라도, 뭔가 고상하고 고결한 꿈이 있어야 하지 않을까요? 그런 게 있어야 하는 시대 아닐까요?

기업의 거룩한 꿈을 우리는 미션이라 부릅니다. 이 미션을 종종 비전과 혼용해서 사용합니다. 기업의 이익을 추구하는 이기적인 목표가 비전이라면, 미션은 기업이 속한 사회와 국가, 기업이 응대하는 고객과 시장을 우선시하는 가치에 대한 것입니다. 미션은 종교적 색채가 묻어 있는 단어죠. 원래 험난한 임무를 동반하는 종교적 사명의 의미로 사용되다가, 지금은 조직의 '존재의 이유'를 표방하는 용도로 통용됩니다. '존재의 이유'. 이런 단어들을 들이대면 미션의 정체가 선명해집니다. 이를테면 '1억 불 수출 달성', '국내 No.1 제약기업' 이런 것들을 존재의 이유라 하기는 좀 그렇잖아요. '국내 No.1 제약기업'은 비전으로 삼고, 이와 짝을 이루는 미션으로는 '국민의 건

강을 책임지는 제약기업' 정도가 어울리겠죠.

유명 기업의 미션을 몇 가지 알아볼까요? '세계를 상쾌하게 만들고, 긍정과 행복의 순간을 만들기 위해 노력하며, 가치와 새로운 차이를 창조한다' 코카콜라컴퍼니의 기업 미션입니다. 콜라 회사답게 세계를 상쾌하게 만들고자 하는군요. 일본 소프트뱅크의 '정보혁명으로 인류를 행복하게'도 나쁘지 않지만, 삼성전자의 '인재와 기술을 바탕으로 최고의 제품과 서비스를 창출하여 인류사회에 공헌한다'가 훨씬 와닿습니다. 그렇지만 제가 들어본 기업이나 조직의 최고의 미션은 이것입니다. '하나님의 사랑으로 인류를 질병으로부터 자유롭게 한다' 어떻습니까? 연세대학교 의료원, 세브란스의 미션입니다. 종교가 있고 없고의 문제가 아닙니다. 존재의 이유를 이토록 간결하게 표현하다니, 압권이라 생각합니다. 제가 이 대학 소속이라 하는 말이 절대 아닙니다. 믿어주세요.

여러분 회사의 미션은 무엇인가요? 이기적이고 이해타산적인 비전과 더불어 짝을 이룬 미션이 있나요? 간결하면서도 존재의 이유를 명확하게 하는 것인가요? 오늘은 비전만큼 뚜렷한 미션, 그래서 더욱 빛나는 미션으로 무장한 성장기업을 하나 얘기하겠습니다. 두핸즈DOHANDS입니다. 두핸즈는 물류기업입니다. 물류를 주사업으로 한 배경은 관련한 기술이나 인프라가 있어서가 아닙니다. 이 물류기업의 존재의 이유를 보여주는 힌트는 초기 회사명, 즉 '두손컴퍼니'의 앞부분에 등장한 '두손'에 있습니다. 박찬재 대표는 서울역에서 지내던 노숙인들이 강제 퇴거 당하는 것을 보고 적지 않은 충격을 받습니다. "누구나 경제적인 실패를 겪으면 노숙인이 될 수도 있지 않은가. 그런 이들에게 일자리를 만들어주자는 생각으로 사업을 시작했다."라고 말합니다. 노숙인이나 취약계층이 두 손만으로 할 수 있는 일, 그런 일자리를 찾았고, 그것이 물류사업이 된 것이죠.

2015년 창고라 하기도 어려운 18평의 물류창고로 시작한 두핸즈는, 택배업체와 배송계약을 체결하기에는 물량이 부족한 스타트업의 전문 물류서비스로 입지를 넓히더니, 이제 페덱스의 한국 단독 물류대행서비스 업자로 선정되는 등, 2019년 매출액 38억 원, 2020년 74억 원, 2021년 144억 원, 2022년 255억 원으로 지속적인 성장을 구가하고 있습니다. 홈페이지에 쓰여 있군요. "우리가 가지고 있는 우수함과 이타적인 마음을 결합하면 무엇이든 해낼 수 있다고 생각합니다." 사업 초기에 박찬재 대표가 밝힌 두핸즈의 미션은 '취약계층 직원 1,000명 고용 달성'입니다. 미션치고는 매우 구체적이고 현실적이네요. 이토록 기특한 기업에 네이버를 비롯한 많은 투자사들이 벌써 320억 원을 몰아주었다지요. 거룩하지만 현실적인 미션을 품은 이 기업이 앞으로도 잘 해낼 것이라 생각합니다. 몇몇 성장 과정 중의 어려움도 잘 극복하리라 응원하고요.

혹시 오드리 헵번이 영향을 준 것은 아닐까요? 두핸즈, 두손컴퍼니 회사명에 말입니다. 국제적으로 봉사활동을 펼친 연예인의 원조 격인 올드무비 스타입니다. 그녀의 마지막 크리스마스 이브에 자녀들에게 들려주었다던 샘 레벤슨의 시구절, '나이가 들어감에 따라 그대는 알게 되리라. 손이 2개인 이유가 하나는 자신을 돕기 위해서, 하나는 다른 이를 돕기 위해

서임을'. 나이가 들어감에 따라 예전의 관심을 잃어버려 힘들어하는 연예인들이 많습니다. 그들과는 다르게, 죽음의 그림자가 뒤덮은 암 투병 중에도 두 손의 존재의 이유, 손이 2개인 이유를 몸소 실행에 옮기고 세상을 떠난 그녀에게서 거룩하고 갸륵한 영향을 받지 않았을까요?

현대 경제학의 태두 존 메이너드 케인스는 1930년, 100년 후의 인류의 경제생활을 3가지로 예언합니다. 그 100년이 얼마 안 남은 이제, 그 예언을 되돌아보죠. 첫째, 생산성이 8배나 늘어나면서 주당 노동시간이 15시간에 불과하게 될 것이다. 둘째, 경제적 문제는 해결되고, 즐거움, 아름다움에 집중하게 될 것이다. 어떻습니까. 얼추 맞아떨어지지 않습니까? 그리고 셋째는 '화폐를 소유물로 사랑하는 정신병이 사라지고, 선한 것에 주목하는 세상이 될 것이다'입니다. '선한 것', 거룩한 것입니다. 고상하고 고결한 것입니다. 혹시 '선한 룰', 미션이 없다면 하나 만들어 보면 어떨까요? 괜히 낯뜨겁고 낯간지럽다고 하지 말고, 글로 쓰고 읽어보면 어떨까요? 때론 외쳐보기도 하고요.

• 감사의 글 •

어쩌면 책을 쓰는 이유가 감사의 글을 쓰기 위해서인지도 모릅니다. 감사의 마음을 이만큼 진지하고 격조 있게 표현할 방법이 또 있을까요. 과장인 것은 알지만, 그만큼 감사하고 그토록 평소에 마음을 전달하지 못했기 때문이라고나 할까요.

몇 권의 책을 꾸준히 쓰면서, 마음 깊이 사랑하는 사람들에게, 감사를, 사랑을 고백할 기회가 있었습니다. 이번에는 저의 제자들입니다. 좋은 여건의 좋은 대학에서 오랜 기간 대학교수를 한 덕택에 제자가 꽤 많습니다. 제 전공의 학부 제자들도 있지만, 저와 학위논문을 함께 한 석사, 박사 제자들이 고백의 대상입니다. 지도교수라고 많은 존중을 주었습니다. 부족한 저의 지식을 충만하게 받아들여 저를 교육자로 만들어준 이들입니다. 비록 제가 선생이고 그들이 학생이었지만, 학교라는 좁은 울타리를 벗어난 삶의 많은 면에서는 오히려 그들이 선생이었음을 실토합니다.

시간이 흐를수록, 제자가 늘어날수록, 그 진실을 마주할수록, 제자로 제 삶에 들어와 제 인생을 채워준 모두에게 감사의 마음이 커집니다. 전공 서적 이외에도 이렇게 대중 서적을 자주 써내는 지도교수를 둔 죄로, 책도 사야 하고, 읽어야 하고, 남들에게 알리기도 해야 했으니, 그 수고만으로도 더할 나위가 없습니다. 고맙습니다. 제자가 되어주고, 선생을 만들어주어 고맙습니다. 한 사람 한 사람 떠올리며 말하고 싶습니다. 감사합니다.

이 책은 ㈜멀티캠퍼스의 회원전용 영상 콘텐츠 플랫폼인 SERICEO에서 '룰 메이커'라는 동명의 프로그램으로 3년 가까이 방영했던 내용을 담은 것입니다. 프로그램을 알차게 만들어준 신지혜 PD님과 간판 프로그램으로 내세워준 배정훈 팀장님께 이 기회에 감사의 마음을 전합니다.

끝으로 책의 내용조사에 많은 도움을 준, 역시 아끼는 제자인 반승현, 박선정, 신재우에게도 특별히 감사하고 싶습니다.

룰메이커

2024년 5월 8일 초판 1쇄 | 2024년 5월 28일 3쇄 발행

지은이 임춘성
펴낸이 이원주, 최세현 **경영고문** 박시형

책임편집 류지혜 **디자인** 정은예
마케팅 권금숙, 양근모, 양봉호, 이도경 **온라인홍보팀** 최혜빈, 신하은, 현나래
디지털콘텐츠 최은정 **해외기획** 우정민, 배혜림
경영지원 홍성택, 강신우, 이윤재 **제작** 이진영
펴낸곳 (주)쌤앤파커스 **출판신고** 2006년 9월 25일 제406-2006-000210호
주소 서울시 마포구 월드컵북로 396 누리꿈스퀘어 비즈니스타워 18층
전화 02-6712-9800 **팩스** 02-6712-9810 **메일** info@smpk.kr

ⓒ 임춘성(저작권자와 맺은 특약에 따라 검인을 생략합니다)
ISBN 979-11-6534-958-5 (03320)

쌤앤파커스(Sam&Parkers)는 독자 여러분의 책에 관한 아이디어와 원고 투고를 설레는 마음으로 기다리고 있습니다. 책으로 엮기를 원하는 아이디어가 있으신 분은 메일 book@smpk.kr로 간단한 개요와 취지, 연락처 등을 보내주세요. 머뭇거리지 말고 문을 두드리세요. 길이 열립니다.